Caro lettore,

il libro che hai tra le mani non è come tutti gli altri. È stato infatti prodotto attraverso un sistema di *print on demand*. Ciò significa che la tua copia è stata confezionata appositamente per te, in seguito al tuo ordine. Non è una copia stampata tra mille altre e lasciata lì in attesa che qualcuno l'acquistasse; è *tua*. Ti chiediamo dunque scusa se per averla hai dovuto sopportare qualche piccolo disagio, se hai dovuto affrontare spese di spedizione o tempi di attesa più lunghi del previsto; in compenso, questo sistema di stampa e distribuzione ti ha permesso di poter acquistare un libro – il tuo libro – che altri editori, legati ai sistemi tradizionali, avrebbero considerato inutile ristampare. Noi, al contrario, così facendo ti offriamo la possibilità di leggerlo.

Nel salutarti ti ringraziamo di avere scelto le Edizioni Trabant e ci auguriamo di rivederti sulle pagine di un altro volume.

Buona lettura.

le Edizioni Trabant

ARTICOLO 25

8

Isbn 978-88-96576-67-0

Edizioni Trabant – Brindisi
Prima edizione: 2015
Seconda edizione: 2021
www.edizionitrabant.it
redazione@edizionitrabant.it

GIOVANNI GENTILE

GIORDANO BRUNO NELLA STORIA DELLA CULTURA

Edizioni
Trabant

NOTIZIE BIOGRAFICHE

1875

Giovanni Gentile nasce il 29 maggio 1875 a Castelvetrano, in provincia di Trapani. Il padre Giovanni gestisce una farmacia a Campobello di Mazara; la madre Teresa Curti è figlia di un notaio. Il giovane compie gli studi superiori in Sicilia, il ginnasio a Castelvetrano e il liceo a Trapani.

1893-1897

Si trasferisce a Pisa dopo aver vinto una borsa di studio alla Scuola Normale, dove frequenta la facoltà di Lettere e Filosofia.

1902-1914

Conseguita la laurea, si dedica all'insegnamento della filosofia, dapprima nelle scuole superiori (il liceo "Mario Pagano" di Campobasso e il liceo "Vittorio Emanuele" di Napoli), successivamente nelle università: insegna filosofia teoretica e storia della filosofia presso vari atenei (Napoli, Palermo, Pisa, Roma). A Pisa conosce Benedetto Croce, con cui intraprende un lungo rapporto epistolare; Croce in più occasioni lo difende nel corso di alcune polemiche con l'ambiente accademico.

1914-1918

Nel periodo della guerra iniziano i primi dissidi con Benedetto Croce. A parte alcuni disaccordi di natura filosofica, è la guerra a fare da primo spartiacque: Gentile, a differenza del suo più anziano collega, si schiera, dopo qualche dubbio, a favore dell'intervento, unendosi a chi considera la guerra il compimento del Risorgimento.

1922-1923

Nell'immediato dopoguerra, Gentile non manifesta posizioni favorevoli al nascente fascismo. Tuttavia, dopo la Marcia su Roma e la formazione del primo governo Mussolini, accetta la nomina a Ministro della Pubblica Istruzione e a Senatore del Regno, impegnandosi nel progetto, che caldeggiava da tempo, della riforma della scuola italiana. Ciò sfocia nel 1923 nella cosiddetta Riforma Gentile, una serie di decreti legislativi che riorganizzano completamente la struttura dell'istruzione nel nostro paese.

1924-1925

In seguito alle polemiche relative all'omicidio Matteotti, Gentile si dimette da ministro. Tuttavia, non viene meno la sua adesione al fascismo, in cui intravede la possibilità di una rigenerazione nazionale. Nel 1925 pubblica il Manifesto degli Intellettuali Fascisti: l'evento sancisce la definitiva rottura con Benedetto Croce, promotore in risposta del Manifesto degli Intellettuali Antifascisti.

1925-1943

Mentre il regime sviluppa la sua organizzazione totalitaria, Gentile aumenta via via il suo impegno nella cultura italiana, diventando uno degli intellettuali più in vista del ventennio. Ricopre diversi incarichi istituzionali: direttore scientifico dell'Enciclopedia Italiana dell'Istituto Treccani (1925-1938), direttore della Scuola Normale di Pisa (dal 1932), direttore della Nuova Antologia. In alcuni casi non condivide le posizioni del regime: non approva i Patti Lateranensi del 1929, contrari alla sua visione laica dello Stato, e dissente dalle Leggi Razziali del 1938 (è ancora oggi oggetto di dibattito se sia stato tra i firmatari del Manifesto della Razza). Nessuno di questi contrasti lo portano però a rinnegare il suo appoggio al fascismo.

1943-1944

Dopo una iniziale titubanza, aderisce alla Repubblica Sociale di Mussolini, pur rifiutando incarichi di governo, ma soltanto di natura accademica. Additato dalla Resistenza come uno dei principali responsabili morali del fascismo, e del presunto appoggio dato alcune azioni di rastrellamento nei confronti dei partigiani, inizia a ricevere minacce di morte, ma rifiuta la scorta. Il 15 aprile 1944 un commando dei GAP lo uccide davanti alla sua villa a Firenze. Il Comitato di Liberazione Nazionale prende le distanze dall'omicidio, il solo Partito Comunista approva e rivendica il gesto. Tre giorni più tardi è sepolto nella basilica di Santa Croce.

GIORDANO BRUNO
NELLA STORIA DELLA CULTURA

ALLA CARA MEMORIA
DI MIA SORELLA ROSINA
MORTA A XXV ANNI IL XX APRILE MCMVI.

Palermo, 20 aprile 1907.

AVVERTENZA

Questo scritto non vuol essere né una biografia, né un'esposizione del pensiero di Giordano Bruno; ma solo un saggio intorno al significato di lui nella storia della cultura: e quindi una illustrazione delle ragioni peculiari della sua condanna e della sua morte mercé lo studio delle sue idee intorno al rapporto della filosofia con la religione, e del suo atteggiamento verso la Riforma e verso l'Inquisizione.

Per giustificare la speciale determinazione dell'argomento e la forma dello scritto, dirò che questo nacque per una conferenza, tenuta in Palermo il 20 marzo di quest'anno, per invito della Sezione locale della Federazione nazionale degl'Insegnanti medi. La quale volle in questo modo riparare all'omissione (non di certo approvabile, quale ne sia stato il motivo) onde, sette anni fa, la gloriosa ricorrenza centenaria del rogo di Bruno parve opportuno non fosse in alcun modo ricordata nelle nostre scuole; dove pure ogni anno, a giorno fisso, tutti i maestri, da un capo all'altro d'Italia, sono invitati a interrompere il corso delle lezioni per commemorazioni improvvise, prive spesso d'ogni valore didattico ed educativo, di eroi grandi e piccoli della nostra storia civile e letteraria. E a me parve ottimo segno dei tempi, – da non lasciar passare senza richiamarvi sopra l'attenzione del paese, – che gl'insegnanti dei nostri ginnasi e licei si ricordassero essi del Bruno, come di nome che appartenga a loro, cioè alla scuola italiana, focolare della cultura nazionale; e non del Bruno ora da un paio di decennii noto alle moltitudini come vittima dell'intolleranza religiosa e segnacolo in vessillo di rivendicazioni anticlericali; ma del Bruno, che essi appresero a conoscere nella storia: il grande filosofo e martire della nostra Rinascenza.

Tra tanto schiamazzo, pro e contro Bruno, fatto nello scorso febbraio da tutti i politicastri rossi e neri d'Italia; i quali avranno forse tutte le loro buone ragioni di schiamazzare, ma non ne hanno certo nessuna di non dover risparmiare la pace dello sventurato scrittore né pur a tre secoli dalla sua morte; è veramente titolo d'onore pei professori di Palermo questa loro idea di stringersi a difesa intorno alla memoria del filosofo, segno

D'inestinguibil odio
E d'indomato amor;

di restituire al Bruno la sua dignità storica di filosofo e martire della filosofia; di sottrarre il suo nome alla mischia profanatrice dei partiti politici, che l'esaltano e lo combattono, esaltando o combattendo i loro fini e le loro passioni, a cui il Bruno fu ed è estraneo: per risollevarlo negli spiriti colti in quell'aer sereno, a cui egli si elevò con la vigoria del suo pensiero, della sua stessa poetica fantasia e con l'ideale virilità del suo grande animo: in quell'aer sereno, dove tutte le passioni tacciano, i fini pratici e i contrasti, da essi generati, sono superati, e sopravvive solo quello spirito di eterna verità, a cui tutti i partiti umani, perché umani, s'inchinano.

Ho ristampato in appendice una breve notizia d'una recente monografia inglese la sola che potrebbe offrire un'immagine del Bruno e della sua filosofia genuina e completa a chi volesse d'ora innanzi parlare di lui senza spropositi.

                                                                    G. G.

I.

IL MISTICISMO DEL BRUNO

Giordano Bruno non fu uomo pratico, né anche per propagare le sue idee. Non ebbe il pensiero agli uomini che gli si agitavano attorno; e tra i riformati poté parere riformato, cattolico tra i cattolici: *academico di nulla academia*, come egli seppe definirsi, *detto il fastidito: in tristitia hilaris, in hilaritate tristis.* Sentì profondamente la propria solitudine, come tutti i grandi spiriti contemplativi; e però fu realmente estraneo a tutte le chiese (benchè non potesse non giudicare il contenuto speculativo dei loro dommi) per ciò che anche le chiese hanno di mondano, pratico, storico, come organismi di volontà, rette da una disciplina, ordinate alla propagazione di certi dommi, sollecite del trionfo sociale di certi principii. Il Bruno ebbe altre preoccupazioni, altri amori. Il suo spirito mirava più alto, a un segno che è fuori di tutti gli umani consorzii; e sdegnò quindi anche la gloria, che altri attende dalle moltitudini:

«Perchè il numero de' stolti e perversi è incomparabilmente più grande, che de' sapienti e giusti, aviene che, se voglio remirare alla gloria, o altri frutti che parturisce la moltitudine de voci, tanto manca ch'io debba sperar lieto successo del mio studio e lavoro, che più tosto ho da aspettar materia de discontentezza, e da stimar molto meglior il silenzio, ch'il parlare. Ma, se fo conto de l'occhio de l'eterna veritade, a cui le cose son tanto più preciose ed illustri, quanto talvolta, non solo son da più pochi conosciute, cercate e possedute; ma, e oltre, tenute a vile, biasimate, perseguitate, accade ch'io tanto più mi forze a fendere il corso de l'impetuoso torrente, quanto gli veggio maggior vigore aggionto dal turbido, profondo e clivoso varco».[1]

Altrove, accennando alla guerra, che le sue dottrine logiche e cosmologiche incontravano in Inghilterra, dove egli dimorò dal 1583 all'85: «Se volete intendere», dice, «onde sia questo, vi dico che la caggione è l'universitade che mi dispiace, il volgo ch'odio, la moltitudine che non mi contenta, una che m'innamora: quella per cui son libero in suggezione, contento in pena, ricco ne la necessitade, e vivo ne la morte. Indi accade che non ritrao, come lasso, il piede da l'arduo camino... Parlando e scrivendo, non disputo per amor de la vittoria per se stessa...; ma per amor della vera sapienza e studio della vera contemplazione m'affatico, mi crucio, mi tormento».[2]

Il suo vero amore è l'amore dell'eterno e del divino, l'*amor Dei intellectualis*, onde precorse quel grande mistico della filosofia intellettualistica, che fu nel secolo successivo Benedetto Spinoza. Nuovo misticismo, che male fa raccostare il nostro filosofo ai neoplatonici, benché sia innegabile, anzi notevolissimo, l'influsso della loro filosofia su quella del Bruno. La conoscenza del divino propugnata dal Bruno non è estasi, o unione immediata, benché abbia per termine suo appunto l'unione, per cui lo spirito, egli dice, «doviene un dio dal contatto intellettuale di quel nume oggetto»;[3] ma è un processo razio-

---

[1] *Lo spaccio della bestia trionfante*, in *Opere italiane* di G. BRUNO ristampate da P. DE LAGARDE, Gottinga, 1888, p. 405. Delle opere italiano si citerà qui appresso questa edizione, contrassegnandola con la sigla L.; o l'edizione critica con note, curata da me (Bari. Laterza, 1907, tra i *Classici della filosofia moderna*), di cui è uscito finora il primo volume, indicandola con la sigla G.

[2] *De l'infinito, universo e mondi*, in *Opere italiane*, G., I, 262.

[3] *Eroici furori*, in *Opere italiane*, L., p. 641.

nale, un discorso dell'intelletto, una vera e propria filosofia. Egli bada bene a distinguere l'eroico furore, o processo sopramondano dello spirito – «certa divina astrazione, per cui dovegnono alcuni megliori in fatto che uomini ordinari» – in due specie ben diverse: una, per cui «altri, per esserno fatti stanza de dei o spiriti divini, dicono e operano cose mirabili, senza che di quelle essi o altri intendano la raggione; e tali per l'ordinario sono promossi a questo da l'esser stati prima indisciplinati e ignoranti; nelli quali, come voti di proprio spirito e senso, come in una stanza purgata, s'intrude il senso e spirito divino». I profeti, insomma, gl'ispirati, gl'invasati da Dio, i mistici veri e proprii, che si annichilano in Dio con l'impeto dell'amore. L'altra specie è quella, per cui i filosofi si sollevano razionalmente alla cognizione del divino: onde «altri, avezzi o abili alla contemplazione, e per aver innato un spirito lucido e intellettuale, da uno interno stimolo e fervor naturale, suscitato da l'amor della divinitate, della giustizia, della veritade, della gloria, dal fuoco del desio e soffio dell'intenzione, acuiscono gli sensi; e nel solfro della cogitativa facultade accendono il lume razionale, con cui veggono più che ordinariamente. E questi non veguono al fine a parlar e operar come vasi e istrumenti, ma come principali artefici ed efficienti». Tra i primi, che sono, come ho detto, i veri e proprii mistici, passivi verso la divinità che albergano, e i secondi, che realizzano in sé lo spirito divino, non occorre dire per chi parteggi l'autore della *Cabala del cavallo pegaseo* e dell'*Asino cillenico*, satire amare della santa ignoranza: «Gli primi son degni come l'asino, che porta li sacramenti; gli secondi come una cosa sacra. Nelli primi si considera e vede in effetto la divinità, e quella s'admira, adora e obedisce. Negli secondi si considera e vede l'eccellenza della propria umanitade».

L'eroico furore di Bruno non è, dunque, com'egli stesso ci dice, un «oblio, ma una memoria». Anche lui, in vero, dirà enfaticamente nell'*Oratio valedictoria*, letta all'Università di Wittenberg l'8 marzo

1588, che vedere Minerva *est caecum fieri, per hanc sapere est stultum esse*:[4] ma questa cecità e questa stoltezza è la cecità e stoltezza a cui tutti i filosofi devono andare incontro volenterosi, se aspirano sinceramente alla filosofia: è la cecità e stoltezza per la realtà e i valori empirici, che non possono essere la stessa realtà e gli stessi valori della filosofia. Pure, con questa cecità e stoltezza è troppo evidente che il filosofo non può più operare nel mondo della realtà e dei valori empirici, a cui egli si è sottratto. Il suo mondo è, in un certo senso, fuori di questo, in cui gli uomini ordinariamente agiscono. In altri termini, il filosofo non può avere, se è filosofo, interessi pratici. Questo fu il pensiero vivo di Bruno.

---

[4] Vedi *Opera latine conscripta*, (ed. nazionale), I, 1, 7.

II.

IL VALORE PRATICO DELLE RELIGIONI

Soltanto tenendo presente questo concetto della sopramondanità della filosofia, si può intendere l'atteggiamento del Bruno verso la Riforma e verso la Chiesa romana; atteggiamento, in cui si concentrano i risultati del suo filosofare e si configura tutta la sua grandezza storica.

Nei dialoghi *De l'infinito, universo e mondi,* dopo aver dimostrato la necessità dell'effetto infinito dell'infinita potenza di Dio, e negata quindi la possibilità dell'arbitrio del volere, perchè «quale è l'atto, tale è la volontà, tale è la potenza», soggiunge: «Tutta volta lodo, che alcuni degni teologi non admettano questi sillogismi; perchè, providamente considerando, sanno che gli rozzi popoli e ignoranti con questa necessità vegnono a non posser concipere come possa star la elezione e dignità e meriti di giusticia; onde, confidati o disperati sotto certo fato, sono necessariamente sceleratissimi». E ancora: «Quel che è vero, è pernicioso alla civile conversazione, e contrario al fine delle leggi; non per esser vero, ma per esser male inteso, tanto per quei che malignamente il trattano, quanto per quei che non son capaci de intenderlo, senza iattura di costumi».

La verità della filosofia, insomma, è solo per la filosofia. La verità della vita praticale della stessa religione, in quanto istituto sociale e chiesa institutrice dei popoli, può e talvolta, secondo il Bruno, deve essere una verità diametralmente opposta alla verità della filosofia. Bruno, dunque, il fastidito, potete voi immaginarvelo montato sul proscenio d'un teatro per esporre la nolana filosofia, ad un'accolta di sodalizi popolari? Certo, egli per suo gusto non sarebbe mai entrato in contrasto con i degni teologi, che insegnavano dottrine contrarie alle sue. E quelli, che oggi del nome di Bruno si servono per combattere essi i degni teologi del tempo nostro, e per combatterli non nel giudizio dei filosofi, – pei quali le dottrine di questi teologi appartengono a un passato lontano, che forse non occorre più criticare; – anzi nel giudizio degli onesti operai delle città e delle campagne, Bruno li avrebbe bollati, come nel *De l'infinito* bollò i luterani, propagatori della dottrina *De servo arbitrio*, chiamandoli «corrottori di leggi, fede e religione», i quali, «volendo parer savii, hanno infettato tanti popoli, facendoli dovenir più barbari e scelerati, che non eran prima, dispregiatori del ben fare, e assicuratissimi ad ogni vizio e ribaldaria, per le conclusioni che tirano da simili premesse».[1]

«Le vere proposizioni», protesta il Bruno, «non son proposte da noi al volgo, ma ai sapienti soli, che possono aver accesso all'intelligenza di nostri discorsi. Da questo principio depende, che gli non men dotti che religiosi teologi giamai han pregiudicato alla libertà de' filosofi; e gli veri, civili e bene accostumati filosofi sempre hanno faurito le religioni; perchè gli uni e gli altri sanno, che la fede si richiede per l'instituzione di rozzi popoli, che denno esser governati, e la demonstrazione per gli contemplativi, che sanno governar sè e altri».[2]

Faurire le religioni! Ecco un principio della filosofia bruniana, che non si dovrebbe dimenticare, quando si fa appello al Bruno. Pel Bruno non c'è legge, non c'è Stato, senza religione. Quell'assurdità, che oggi si formula con la frase, vuota d'ogni senso speculativo, di

---

[1] In *Opere italiane*, G. I, 293-4.

[2] Ivi, pag. 295.

«Stato ateo», per Bruno era appunto un'assurdità. Lo Stato dev'essere, per essere qualche cosa, una sostanza etica. Ora, si potrà la sostanzialità, che è sempre divinità, perché Dio è per l'appunto la realtà
assoluta, la realtà che è principio di tutte le realtà, ossia il fondamento d'ogni sostanzialità: si potrà, dico, concepire diversamente questa
sostanzialità; e oggi si deve concepire non come un di là rispetto alla
umana volontà, ma come l'intima essenza della volontà stessa; ma
negarla, è negare la realtà dello Stato, scalzare la legge e distruggere
quel valore, che si vuol rivendicare. Bruno all'uomo vaso di Dio con-
trappone, come s'è veduto, l'uomo artefice ed efficiente di Dio, sacro
per la sua stessa umanità. Questa negazione, non del divino, ma solo
della trascendenza del divino, importa, se mai, l'unità della legge e
dello Stato con la religione, non la separazione, che oggi si proclama,
e quindi l'eliminazione del divino dalla legge e dallo Stato. E forse gli
stessi propugnatori dell'ateismo dello Stato intendono negare piuttosto il Dio trascendente che ogni Dio. Ma, anche in tale supposto, il
Bruno non può dirsi che sia con loro. Perché siffatta immanenza
basterà, pel Bruno, alla *demonstrazione de' contemplativi, che sanno
governar sè ed altri,* non alla *instituzione dei rozzi popoli, che denno essere governati.* Cioè: il concetto dell'immanenza, come il concetto del-
l'identità della libertà divina con la sua necessità razionale, non è
negazione di Dio soltanto per lo spirito veramente libero del filosofo,
che non ha la legge fuori di sè, anzi è già la stessa legge (onde gover-
na sè ed altri); ma negazione di Dio è per lo spirito incolto, ancor lontano dalla libertà assoluta, e che ha perciò tuttavia la legge fuori di sè.
A questo spirito, per cui la legge dev'esser legge positiva, per cui il
diritto dev'essere diritto punitivo, per cui la legge, insomma, è ancora qualche cosa di diverso dal volere che le è subordinato, l'immanenza del divino non ha senso: la legge fatta dagli uomini non ha niente
di divino; lo Stato, istituto umano e nient'altro che umano, appare
realmente ateo.

Questo è il razionalismo bruniano: e se in questi termini sa di clericale, pongasi mente a quel che si diceva dianzi: il Bruno non si muove sullo stesso terreno, su cui si schierano gli uni contro gli altri i clericali e i cosiddetti liberi pensatori. Questi sono partiti pratici, ed egli è al di sopra di tutti i partiti, studioso dell'eterna verità. I partiti hanno una ragione storica, e Bruno, in quanto filosofo, è fuori della storia. E fuori della storia afferma questa verità, in cui clericali e liberi pensatori, se vogliono filosofare e seguire il pensiero del Nolano, devono certamente consentire: non c'è legge che non sia legge assoluta, e che non sia quindi religione; ora, c'è una religione dei contemplativi, dei filosofi, che è la filosofia, per cui l'uomo crea a sé il suo Dio; e c'è una religione dei popoli, che è la religione propriamente detta, del Dio ignoto, che crea l'uomo, e la sua legge, e la sua buona volontà e, quindi, la sua stessa conoscenza di Dio. Una legge senza nessuna di queste religioni non è legge: uno Stato fuori di tutte le religioni, non ha valore di Stato. Lo Stato del filosofo non è lo Stato del popolo; e se lo Stato è lo Stato del popolo o, per lo meno, ha da essere anche lo Stato del popolo, non può separarsi dalla religione del popolo, senza restare per esso destituito d'ogni valore.

Certo, la storia, lo sviluppo graduale della pubblica cultura, elevando a poco a poco la coscienza popolare e il suo concetto del divino, genera via via il contrasto tra il contenuto sempre nuovo e la forma sempre vecchia delle pubbliche instituzioni. Quindi l'attrito de' partiti, e il progressivo, ma lento, lentissimo realizzarsi di quella *umanità*, di cui ci ha parlato il Bruno, che è per se stessa sacra. Quindi, diciamolo pure, il progresso dello spirito dei popoli civili verso la filosofia; quindi la ferma, per quanto spesso oscura, certezza che l'avvenire non è de' teologi, ma de' filosofi, per dirla con i termini del Bruno; non è dei clericali, come oggi si dice, sì dei difensori della laicità dello Stato. Ma questa certezza, nella scienza consapevole della natura dello spirito umano, non promette una vittoria, come si dice, catastrofica, per cui tutte le religioni positive cederanno per sempre il luogo al senso filosofico, intimamente religioso, della divinità dell'uomo; ma una infinita evoluzione dello spirito religioso verso la filosofia; come a dire, un infinito progresso nell'orientazione filosofica della vita pratica. Progresso, che, in quanto infinito, non avrà mai termine; onde una qualche sorta di clericali ci sarà sempre, diversa dalle passate, ma viva, invincibile, insuperabile. Perché, secondo il detto profondo del Leopardi, nessun maggior segno d'esser poco savio e poco filosofo, che voler savia e filosofica tutta la vita. La filosofia è un momento ideale dello spirito, il definitivo; e perciò non può esser mai una realtà empiricamente determinata, una condizione storica dello spirito in generale.

Questa variabilità storica delle forme religiose, con le quali il Bruno sostiene che gl'institutori de' popoli, o, come oggi si direbbe, le classi dirigenti devono fare i conti, è da lui accennata già quando parla di *religioni*, e non di *religione*.

Ma, nello *Spaccio della bestia trionfante*, della religione di Cristo, raffigurato in Chirone, vi dirà: «Perchè l'altare, il fano, l'oratorio è necessariissimo, e questo sarrebe vano senza l'administrante; però qua viva, qua rimagna, qua perse vere eterno, se non dispone altrimente il Fato».[3] Vale a dire: il valore del cristianesimo non consiste propriamente nell'essere quella speciale religione che è, ma nell'essere una religione. E come il cristianesimo, *tutte* le religioni, in quanto adorazione del divino, hanno pel Bruno un assoluto valore, a prescindere dalle loro determinazioni particolari. Onde, della religione naturalistica degli Egizi nello stesso *Spaccio*, dice che «que' ceremoni non erano vane fantasie, ma vive voci che toccavano le proprie orecchie degli Dei»; perchè, «sicome la divinità descende in certo modo per

[3] *Opere, L.*, p. 555.

quanto che si comunica alla natura, così alla divinità s'ascende per la natura, cossì per la vita rilucente nelle cose naturali si monta alla vita che soprasiede a quelle». «Conoscevano que' savii Dio essere nelle cose; e la divinità, latente nella natura, oprandosi e scintillando diversamente in diversi suggetti e per diverse forme fisiche, con certi ordini venir a far partecipi di sè».[4]

E del politeismo greco interpetrato, come per altro il cristianesimo stesso, evemeristicamente, ammonisce, che non si deve badare ai nomi posticci della divinità; giacché, in realtà, i Greci «non adoravano Giove come lui fusse la divinità, ma adoravano la divinità come fusse in Giove. Di maniera che di questo e quell'uomo non viene celebrato altro che il nome e representazion della divinità, che con la natività di quelli era venuta a comunicarsi agli uomini, e con la morte loro s'intendeva aver compito il corso de l'opra sua, o ritornata in cielo». Le forme diverse della religione hanno un valore contingente e storico: e questa vicissitudine delle forme non pregiudica l'essenza della loro divina sostanza. «Cossì li numi eterni (senza ponere inconveniente alcuno centra quel che è vero della sustanza divina) hanno *nomi temporali altri e altri, in altri tempi e altre nazioni*: come possete vedere per manifeste istorie che Paulo Tarsense fu nomato Mercurio, e Barnaba Galileo fu nomato Giove; non perchè fussero creduti essere que' medesimi dei, ma perchè stimavano, che quella virtù divina, che si trovò in Mercurio e Giove in altri tempi, all'ora presente si trovasse in questi, per l'eloquenza e persuasione ch'era nell'uno e per gii utili effetti che procedevano da l'altro».

«Ecco, dunque», conchiude Bruno, «come mai furono adorati crocodilli, galli, cipolle e rape, ma gli Dei, e la divinità in crocodilli, galli e altri; la quale, in certi tempi e tempi, luoghi e luoghi, successiva-

---

[4] In *Opere italiane, L.*, pp. 529-30.

mente, e insieme insieme, si trovò, si trova e si trovarà in diversi suggetti, quantunque siano mortali».[5]

[5] *Opere ital., L.*, 531.

III.

BRUNO E LA RIFORMA

Data questa convinzione, che il Bruno aveva, dell'equivalenza pratica, e però contingente, di tutte le religioni, qual meraviglia che il Bruno, giunto nella Ginevra di Calvino nel 1579, dopo esser dovuto uscire dalla religione domenicana per effetto dei primi processi attiratigli dalla sua indifferenza verso gli amminicoli del culto cattolico; avendo quivi appreso dagl'italiani, che vi erano rifugiati, che «non poteva star lì longo tempo, se non si risolveva de accettar la religione di essa città»:[1] qual meraviglia, che egli per un momento abbia creduto di potere abbracciare il calvinismo? Non sappiamo se nel 1579 il suo giudizio sui dommi della protesta si fosse formato (quello che abbiamo accennato, appartiene al 1585): ma se, come è probabile, il Bruno giudicava sfavorevolmente fin d'allora i due principii, strettamente connessi, della Riforma, della negazione del libero arbitrio e dell'assoluta giustificazione per la fede; certo è che in Ginevra, dove sola religione era quella di Calvino, la coscienza di Bruno doveva preferire il calvinismo all'assenza di ogni religione. Non già, s'intende, per motivi schiettamente religiosi, ma per quei motivi che soli paion degni al Bruno, come s'è veduto, di valere a difesa d'ogni religione, in quanto istituto sociale: i motivi pratici.

---

[1] Documenti veneti in BERTI, *Vita di G. Bruno*, 2ª edizione, p. 394.

Per Bruno, come pel Campanella,[2] la religione di un paese è, insomma, come la costituzione politica e la legge positiva di un popolo: le quali si possono criticare in astratto, ma devono essere osservate in concreto, come dotate di valore assoluto. E le controversie religiose, suscitate dai Riformatori, «questi grammatici – come li chiama sprezzantemente il Bruno – che in tempi nostri grassano per l'Europa» sono dal Bruno condannate massime per le discordie, le guerre, i danni sociali che venivano a produrre.

«Veda (il Giudizio)», dice Giove nello *Spaccio*, «se apportano altri frutti che di togliere le conversazioni, dissipar le concordie, dissolvere l'unioni, far ribellar gli figli da' padri, gli servi da' padroni, gli sudditi da' superiori, mettere scisma tra popoli e popoli..., fratelli e fratelli... E in conclusione..., portano, ovunque entrano, il coltello della divisione e il fuoco della dispersione, togliendo il figlio al padre, il prossimo al prossimo, l'inquilino a la patria, e facendo altri divorzii orrendi e contra ogni natura e legge».[3]

Sciolta da Lutero l'unità degli animi cementata dall'unità delle credenze religiose, i nostri filosofi vedevano prevalere certe tendenze individualistiche, che sono le forze dissolvitrici degli organismi sociali. E il Campanella, fiero avversario della Riforma, notava piacevol-

---

[2] «Tra' popoli la inimicizia si mantiene per la diversità di religione separante gli animi» dice il Campanella: onde «quante fiate i Principi daran libertà, di osservare qualsivoglia sorta di religione, subito diventano tante opinioni, quante sono teste di uomini: onde nascono discordie e gare, alle quali i principi né sempre, né bene possono rimediare, perche restano sempre i cuori discordanti, donde le guerre de' corpi e le liti de' beni nascono». E, «se Ginevra, Sassonia con Inghilterra han questa setta tenuta, han però escluse l'altre per star unite dentro, e ciascuno di questi dominii ha la sua a suo modo; e le loro osservanze non dalla setta, ma dalla politica dependono». *Dialogo politico contro Luterani, Calvinisti e altri eretici*, in FIORENTINO. *La rif. retig. giudicata dal Campanella sec. un Ms inedito*, nel *Giorn. Napoletano*, 1875, I, 78-80. Vedi pure G. S. FELICI, *Le orig. e le cause della Riforma secondo T. C.*, nei *Rend. della R. Acc. Lincei* (classe sc. mor), vol. VI, 1897.

[3] *Spaccio*, L. 165 e 166. Cfr. la dedica all'imp. Rodolfo II degli *Articuli centum et sexaginta adr. mathematicos atque philosophos* in *Opera*, I, III, 4.

mente che «ciascuno pare farsi grande, quando una nuova opinione trova: intanto che ci fu un Polacco, che voleva credere ad una religione a cui nessun altro credesse; e quando vedeva, che alcun altro riscontrassesi con lui, si lagnava grandemente: onde non la comunicava, acciò non avesse compagnia nella credenza, come che Cristo per lui solo fosse morto».[4]

L'interesse pratico sta, dunque, al di sopra dell'interesse religioso, e propriamente speculativo, siccome noi l'intenderemmo, delle singole confessioni religiose: e per quell'interesse pratico a Ginevra il Bruno non avrebbe potuto onestamente non abbracciare il calvinismo.

E così niuna meraviglia, se nel citato discorso d'addio recitato nel 1588 a Vittemberga, dove la nuova religione era nata: in quell'Università tutta piena delle memorie di Lutero, che in essa, insegnando, aveva intrapresa la critica della tradizione pelagiana della scolastica: in quella Università, che lui ramingo, venuto da Parigi per Magonza e Marburgo, accolse ospitale e sottrasse alle ingiurie della povertà, pel favore appunto dei luterani, che allora vi prevalevano, e gli permisero pubblici corsi di filosofia, senza chiedergli conto della sua religione (*neque... in vestrae relligionis dogmate probatum vel interrogatum*);[5] niuna meraviglia che, sdebitandosi dopo due anni di studi tranquilli mercé quei luterani potuti proseguire per compiere forse talune delle opere maggiori, cui egli intendeva raccomandare il suo nome, onorato pubblicamente come mai era stato in ragione della sua alta intelligenza e della sua vasta dottrina; sciogliesse un inno alla gloria maggiore di Wittemberga, al «nuovo Alcide, sorto su quelle rive dell'Elba, a trascinar fuori dall'orco tenebroso alla luce del sole il nuovo Cerbero insigne per la sua triplice tiara, e costringerlo a vomi-

---

[4] *Dialogo* cit., FIORENTINO, I, c. p. 80.

[5] Vedi la prefazione al *De Lampade combinatoria Luliana*, in *Opera latine conscripta*, II, II, 231.

tare l'aconito, trionfando delle porte adamantine dell'inferno, di
quella città chiusa da triplice muro, e per nove giri stretta dall'onda
stigia che vi scorre per entro».[6] Quest'elogio di Lutero, puramente
rettorico e privo d'ogni allusione al contenuto particolare della sua
Riforma, che altro può essere se non l'espressione del vivo senso di
gratitudine e di ammirazione, che l'animo del Bruno doveva naturalmente provare verso questi seguaci generosi di lui, dai quali per la
prima volta, dacché, cacciato d'Italia, era andato peregrinando per
ogni parte d'Europa in cerca di pace propizia al suo fervido culto della
filosofia, era stato reso liberale omaggio al suo spirito di universale
amore umano,[7] al suo titolo di professione, filosofica; a questo titolo,

[6] *Opera*, 1, I. 20-21: «Cum fortis ille armatus clavibus et ense, fraudibus et vi, astubus et vio-
lentia, hypocrisi et ferocitate, vulpis et leo, vicarius tyranni infernalis, superstitioso cultu et
ignorantia plusquam brutali, sub titulo divinae sapientiae et simpli citatis Deo gratae, inficeret
universum et voracissimae bestiae non esset, qui auderet adversari et obsistere contra, pro dispo-
nendo indigno et perditissimo seculo ad meliorem et feliciorem formam atque statum, quae
reliqua Europae et mundi pars protulisse potuit nobis illum Alcidem tanto ipso Hercule prae-
stantiorem, quanto faciliore negocio et instrumento majora perfecit? An non enim etiam perfe-
cisse dicam eum, qui tam strenue atque frugaliter negocium tam egregium est adorsus? Si quip-
pe maius et longe perniciosius monstrum omnibus, quae tot ante seculis extitere, peremptum
vides,

De clava noli quaerere, penna fuit,

Unde ille? Unde? Ex Germania, ex ripis istius Albis, ex ubertate fondis istius. Hic triplici illa
thiara insignem tricipitem illum Cerberum ex tenebroso eductum orco vidistis vos, et ille solem.
Hic stigius ille canis coactus est aconitum evomere. Hic vester et vestras Hercules de adamanti-
nis inferni portis, de civitate illa triplici circumdata muro, et quam novies Styx interfusa coër-
cet, triumphavit. Vidisti, Luthere, lucem, vidisti lucem, considerasti, excitantem divinum spiri-
tum audisti, praecipienti illi obedisti, horrendo principibus atque regibus inimico inermi occur-
risti, verbo oppugnasti, repugnasti, obstitisti, restitisti, vicisti et hostis superbissimi spolia atque
trophaeum ad superos evexisti».

[7] «Vos me suscepistis... hominem.... neque in vestrae relligionis dogmate probatum vel interrogatum, sed tantum quod non hostili, sed tranquillo generalique philanthropia praeditum spi-
ritum, philosophicaeque professionis titulum quo tamquam minime schismatico et divortioso,
minimeque temporibus, locis occasionibusque subiecto, maxime gaudere gloriaque volo prae
me tuli et ostendi» Pref. al *De Lampade combinatoria*, in *Opera* II, II, 230-31. È da notare que-

onde, nella prefazione d'un libro dedicato proprio al rettore e al senato accademico dell'Università di Wittenberg – «io voglio», dice Bruno, «più che di qualsiasi altro godere e vantarmi, *tamquam minime schismatico et divortioso, minimeqne temporibus, locis occasionibusque subiecto?*» In quella Atene tedesca egli con ammirazione aveva visto per la prima volta, non una scuola privata, e quasi un conventicolo riservato, ma una università vera: perché, se anche lì, spinto, – egli confessa, – secondo il costume della sua indole, da amore troppo acceso delle proprie idee, il Bruno aveva proclamata nelle sue pubbliche lezioni dottrine, che spiantavano la filosofia non solo da quei professori approvata, ma da più secoli e quasi per tutta ricevuta; quei professori, tutt'altro che amici per loro istituto di dottrine siffatte, non arricciarono il naso, non acuirono le zanne; né contro di lui si enfiaron le gote, né strepitarono i pulpiti, come già a Tolone, a Parigi, ad Oxford;[8] non s'accese il furore scolastico. «Illibata», dice il Bruno a quei professori con nuova parola gloriosa: «illibata voi serbaste la *libertà filosofica*, né macchiaste il candore della vostra ospitalità».[9]

Al Lutero maestro di questa Università vera, in cui la religione tollerava la filosofia, riconoscendole il diritto che le è proprio della libertà, a questo Lutero, il Bruno rende qui un elogio meritato secondo la sua coscienza di pensatore; che al di sopra di tutte le religioni colloca la religione, come intuizione e adorazione del divino; e al di sopra del rapporto mistico dell'uomo con Dio, proprio della religione, riconosce un misticismo superiore, onde l'uomo a Dio si eleva per gradi

---

sta philantrophia, propria degli spiriti che sono al di là di tutte le forme religiose, in contrapposto alla misantropia dei promotori della Riforma, generatori di scismi: suggestione misanthropon spirituum ministerioque Erynnium infernalium: *Opera* I, III, 4.

[8] Circa il suo insegnamento ad Oxford, vedi la mia nota in *Opere italiane*, G., I. 97.

[9] *Opera*, II, II, 232-3.

intellettuali e razionale discorso, mercé il furore della filosofia.[10]

Né anche questo elogio contrasta con i giudizi che della Riforma egli aveva recati nei dialoghi *De l'infinito* e dello *Spaccio*.

[10] «Bene potevano - notò il FELICI, a proposito di questo elogio di Lutero che ricorre all'*Oratio valedictoria* - i nostri pensatori del Rinascimento ammirare in Lutero, l'eroe dell'emancipazione del pensiero e della coscienza religiosa dal giogo papale, il flagello della corruzione d'una chiesa che, forse giusto nel tempo che seguì la Riforma, doveva, massime cui la rimirasse cogli occhi del cruccio, più che mai dare imagine delle stalle d'Augia reclamanti un Ercole che le spazzasse; ma potevano anche arrestarsi a questo puro lato negativo dell'opera sua»: *Marcello Palingenio Stellato a proposito delle asserite sue relazioni con la Riforma*, in *Riv. ital. di filos.*, 1897, I, 362. L'osservazione è ingegnosa, ma storicamente non mi sembra esatta. È vero che il Bruno annuirà, fino a un certo punto, il lato negativo della riforma luterana: ma il significato del passo dell'*Oratio valedictoria*, se si considera, nel contesto non può essere se non quello molto speciale, e personale che io ci vedo. Tanto meno poi cotesta osservazione corrisponde alla mente di altri nostri pensatori del Rinascimento; e né anche in particolare, a quello che di Lutero dice il PALINGENIO sulla fine del lib. X dello *Zodiacus vitae*.

IV.

LA GENUFLESSIONE DI VENEZIA

Se si tien conto delle idee del Bruno sul valore delle religioni positive, né anche si può pensare che le sue dichiarazioni e la sua sottomissione di Venezia al S. Uffizio, detraggano nulla alla eroica fermezza del martire di otto anni appresso. La genuflessione di Bruno del 30 luglio 1592 è la genuflessione, non del filosofo, ma del povero Filippo Bruno, che già spontaneamente aveva pensato che il meglio per lui; – non aveva che 44 anni, e doveva sentirsi nel vigor maggiore della sua intelligenza e nel bisogno più stretto di fermarsi una volta; possibilmente sotto il benigno cielo, dov'era nato, in quella «regione gradita dal cielo, e posta insieme insieme talvolta capo e destra di questo globo, governatrice e domitrice dell'altre generazioni, e sempre da noi ed altri stata stimata maestra, nutrice e madre di tutte le virtudi, discipline, umanitadi, modestie e cortesie»;[1] – che il meglio era per lui cercare d'ottenere *l'assoluzione* de' suoi *eccessi* passati, e *la grazia di poter vivere in abito clericale fuori della religione*.[2]

Se n'era aperto col Padre reggente fra Domenico da Nocera; il quale, interrogato dal S. Uffizio, depose appunto d'aver incontrato il

---

[1] *Opere italiane, G.,* I, 152.

[2] Docc. veneti, in BERTI, p. 396.

LA GENUFLESSIONE DI VENEZIA

Bruno quando da pochissimi giorni era giunto a Venezia, ossia sette
o otto mesi prima del processo: e questi avergli detto, «che teneva
pensiero risoluto quetarsi: e dar opera a comporre un libro, che teneva
in mente, e quello poi, con mezzi importanti di favore accompagna-
to, appresentarlo a sua Beatitudine; e da quella octiner grazia... e *vedere al fine di posserse ristare in Roma; e ivi darse all'exercizio licteraie, e
mostrare la sua virtù, e di accapare forsi alcuna lectura*».[3] E terminato
infatti quel libro *Delle sette arti liberali*, la fretta d'andarlo a stampare
a Francoforte, fu, com'è noto, il motivo che spinse quel tristo uomo
di messer Zuane Mocenigo figlio del clarissimo messer
Marcoantonio, a denunziare il maestro all'Inquisizione, per precipi-
pitarlo nel baratro che lo doveva inghiottire. E il libro, preparato proprio con questo animo, che gli impetrasse il perdono papale e la riam-
missione nel clero secolare (non nell'ordine suo «acciò, ritornando tra'
Regulari, nella mia Provincia, non mi fosse rinfaciato che io fosse
stato apostata, e così disprezzato da tutti»)[4] era stato, con altri suoi
manoscritti – che il S. Uffizio nega tuttavia al diritto degli studiosi –
consegnato all'Inquisitore di Venezia.

Sicché, anche a non tener conto della sua dichiarazione di pratiche
fatte, già varii anni prima, in Francia, certamente i passi del Bruno
per tornare in grembo alla Chiesa cattolica erano cominciati parecchi
mesi prima che egli si trovasse in cospetto del S. Tribunale veneto; e
la sua genuflessione bisogna dire l'avesse deliberata quando era ancor
lontano pur dal sospetto del processo; e che da un pezzo ei fosse
disposto a domandare, come poi fece, *a domandare umilmente perdono al Signore Dio e alle Signorie illustrissime* rappresentanti di lui, *de
tutti ti errori commessi*.[5] L'aveva, quella genuflessione, deliberata e

[3] Documenti veneti, in BERTI, *Vita*, 397-8.

[4] Vedi Docc. citati, in BERTI, p. 427.

[5] Docc. veneti, in BERTI, p. 428.

fatta nell'animo suo senza pressure di minacce, senza imminenza di pene: l'aveva in animo già mentre insegnava tuttavia all'indegno Mocenigo che «non v'era (nel mondo) se non ignoranza e niuna religione, che fosse buona; che la cattolica gli piaceva più delle altre, ma che questa ancora aveva bisogno di gran regole, e che non stava bene così»;[6] e lasciava diffondere anche a Venezia, come già altrove, che egli non avesse alcuna religione.[7]

Quella genuflessione, adunque, non fu una debolezza, come è pur sembrata a tanti ammiratori del carattere del Bruno, che per le sue idee diede animosamente la vita, quando ciò divenne necessario. A Venezia l'ora del martirio non era sonata, secondo pensava il nostro filosofo, per quello stesso motivo pel quale a Ginevra egli non aveva dovuto far forza alla propria coscienza per aderire al calvinismo. Vivere a Roma, com'egli desiderava; avervi una cattedra, e negli ultimi anni della travagliatissima sua vita potervi attendere tranquillo alla sistemazione definitiva di quel pensiero filosofico, che tumultuosamente gli era pullulato nella mente nel breve periodo di un decennio (1582-1592), al quale tutte appartengono le sue opere a noi giunte, formanti ben dieci grossi volumi, era forse possibile senza rientrare in quella Chiesa, per la cui persecuzione egli era andato ramingo per ogni parte di Europa in cerca di pace a' suoi studi? E rientrare in quella Chiesa era forse possibile senza dichiarare che egli ne accettava i dommi? E accettare i dommi della Chiesa imperante nel paese in cui si vuol vivere, non era per la sua filosofia un obbligo morale strettissimo? E quand'anche questi dommi fossero in contraddizione con le sue dottrine filosofiche, non aveva egli sostenuto, che nel terreno religioso, che per lui è il terreno sociale, pratico, i domini dovevano prevalere sulle dottrine?

---

[6] *O. c.*, p. 382.

[7] Vedi le deposizioni del Ciotto e del Bertano, in BERTI, pp. 387 e 388.

Noi potremo avere una filosofia diversa da quella del Bruno; ma non potremo pretendere che egli tenesse fede a una filosofia che non era la sua. Egli nei lunghi costituti del 2 e 3 giugno non muta un ette alle sue dottrine filosofiche, mentre dichiara di non essersi mai occupato di proposito di teologia per avere sempre atteso alla sua professione di filosofo; e riconosce l'eterodossia di alcune delle sue dottrine insostenibili dal punto di vista del cattolico. Anche al S. Uffizio, adunque, egli dice apertamente, che la filosofia sua, a giudicarla con l'animo della fede, diverge dai dommi cristiani; e se al S. Uffizio non difende contro i domini la sua filosofia, egli è che il S. Uffizio, a Venezia, non esorbitò dalla sua speciale autorità; ed esso non era un'università filosofica e neppur teologica, bensì un tribunale religioso, un istituto pratico.

– Il Bruno, dicono, s'infinge e mentisce accettando come verità ciò che è errore per la sua coscienza filosofica. – Ai pedanti, che così sdottoreggiano su questa tragedia solenne del pensiero umano, probabilmente non è accaduto mai di riflettere su nessuno dei grandi eroismi della storia della civiltà. Bruno, che s'inchina al cattolicesimo, come legge morale e civile del suo paese, – del paese, in cui lo stesso amore della sua filosofia lo richiamava, – è forse diverso da Socrate, che, potendo sottrarsi al potere delle leggi che condannavano in lui la filosofia, anch'essa contrastante alla religione dello Stato, e fuggire dal carcere alla vigilia della morte, preferisce restare e subire la condanna ingiusta, pel rispetto da lui praticamente dovuto alle leggi, quali che fossero, fondamento e garenzia del viver civile? O forse che Socrate, inchinandosi reverente alle leggi, e quindi a quella religione di Atene, che pur da filosofo aveva inteso a trasformare, s'infinge e mentisce anche lui? O abbandona egli forse quella filosofia, che è stata la sua vita, e che anche sul lettuccio di morte, mentre il veleno gli serpeggerà pel sangue e gli verrà raffreddando le membra, resterà a consolargli l'ultima ora con la promessa del premio oltremondano nei ragionamenti sereni prodotti coi scolari più fidi? O non è piuttosto quella stessa filosofia, superiore a quelle leggi e a quella religione, che pure inculca al cittadino ateniese il rispetto pratico delle leggi e della religione d'Atene? Non era la stessa filosofia di Bruno, che negava teoricamente tutte le religioni particolari, ma affermava nell'interesse pratico il valore assoluto di tutte le confessioni, e condannava gli scismi e le guerre civili, nate da divergenze dommatiche; non era essa, che obbligava il filosofo ad accettare in tutto il suo contenuto la religione del paese? Anzi che smentire la sua coscienza filosofica, il contegno del Bruno a Venezia è la più coerente manifestazione pratica di essa.

A competere in materia dommatica con gl'inquisitori, a lui, per esser logico, doveva parere d'imbrancarsi egli stesso tra quei «stolti del mondo», come li chiama sarcasticamente nella *Cabala* «ch'han formata la religione, gli ceremoni, la legge, la fede, la regola di vita; gli maggiori asini del mondo... che, per grazia del cielo, riformano la temerata e corrotta fede, medicano le ferite de l'impiagata religione, e, togliendo gli abusi de le superstizioni, risaldano le scissure de la sua veste; giamai solleciti circa le cause secrete de le cose»; né «perdonano a dissipazion qualunque de regni, dispersion de popoli, incendii, sangui, ruine ed esterminii»; né «curano che perisca il mondo tutto per essi loro; purché la povera anima sia salva, purché si faccia l'edificio in cielo, purchè si riponga il tesoro in quella beata patria, niente curando della fama e comodità e gloria di questa frale e incerta vita, per quell'altra certissima ed eterna».[8]

Questi gusti da riformatore non erano dell'indole né della filosofia di Bruno.

---

[8] *Opere italiane, L.*, pp. 568-9.

V.

LA RESISTENZA AL S. UFFIZIO IN ROMA

Ma, si dirà: come si spiega allora la condanna romana? Perché a Roma egli non credette più di tenere lo stesso contegno che a Venezia, e genuflettersi e sottrarsi alla morte? Quando ci sarà dato di conoscere gli atti del processo romano, vi troveremo forse ben chiara la risposta a queste domande. Intanto, ben chiaro è, che a Venezia il processo non fu conchiuso, ma interrotto dalle pratiche del Pontefice, perché il Bruno fosse rinviato al S. Tribunale di Roma. Sentenza a Venezia non se n'ebbe; e nulla pertanto ci prova che a quegl'Inquisitori bastassero le dichiarazioni che il Bruno fece ad essi. Onde è lecito pensare col Tocco,[1] che a Roma il filosofo le ripetesse, presso a poco, nei medesimi termini; e che, se la condanna avvenne, fu perché, dopo averci ben riflettuto, e avere studiati i suoi libri e i suoi costituti, la congregazione dei cardinali di Roma dovette pretendere da lui ritrattazioni, che andavano di là dal segno, fino al quale il Bruno aveva creduto di potersi spingere: ritrattazioni, cioè, che colpivano addirittura la sua filosofia.

E si badi che, quando nel febbraio 1599, come par probabile dai documenti a noi noti,[2] si cominciò a intimare al filosofo le otto pro-

---

[1] *G. Bruno*, conferenza, Firenze, Le Monnier, 1886. In questo scritto la questione bruniana fu messa per la prima volta nei suoi veri termini storici.

[2] BERTI, *Vita*, p. 442.

posizioni eretiche, che il Bellarmino e un certo P. Commissario, aguz-
zando l'occhio inquisitoriale, avevano messe insieme dall'esame delle
dichiarazioni processuali del Bruno e de' suoi libri,[3] il Nolano era da
sei anni chiuso, lui così sdegnoso e impaziente e impetuoso, nel carcere romano di Torre di Nona.

Allora, nel 1595, anche il Campanella, l'altro dioscuro della filosofia della Rinascenza, fu in quella Torre; e forse non pensava a sè solo
cantando:

> Come va al centro ogni cosa pisante
> Dalla circonferenza, e come ancora
> In bocca al rospo, che poi la divora.
> Donnola incorre timida e scherzante:
> Così di gran scienza ognun amante,
> Che, audace, passa dalla morta gora
> Al mar del vero, di cui s'innamora.
> In questo ospizio al fin ferma le piante.
> Ch'altri appella antro di Polifemo,
> Palazzo, altri, d'Atlante, e chi di Creta
> Il laberinto, e chi l'inferno estremo.
> Che qui non val saper, favor ne pieta,
> Io ti so dir: del resto tutto tremo,
> Che è rocca sacra a tirannia secreta.[4]

---

[3] Il 14 gennaio 1599 furono lette «octo propositiones haereticae collectae *ex eius libris* et processu» (BERTI. p. 441). Cfr. il doc. del 20 gennaio 1600: «Propositiones haereticas *in suis scriptis* et constitutis prolatas» (p. 447).

[4] Questo sonetto, stampato nella scelta dall'Adami (v. le *Poesie filosofiche* di T. CAMPANELLA, ediz. Orelli, Lugano, Ruggia, 1834. p. 117) col titolo *Il carcere*, e questa sola postilla (del Campanella): "È chiaro" - è da me riferito secondo le notevoli varianti del ms. di

Ma certo, se pensava alla sorte comune ai filosofi e a tutte le vittime dell'Inquisizione, non esprimeva anche l'animo di Bruno in quest'altro sonetto scritto per uno che morì nel S. Uffizio in Roma:

> Anima, ch'or lasciasti il carcer tetro
> Di questo mondo, d'Italia, e di Roma.
> Del Santo Offizio e della mortal soma,
> Vattene al ciel, che noi ti verrem dietro.
> Ivi esporrai con lamentevol metro
> L'aspra severitate che ne doma
> Sin dalla bionda alla canuta chioma,
> Tal che, pensando me n'accoro e 'mpetro.
> Dilli che si mandar tosto il soccorso
> Dell'aspettata nova redenzione
> Non l'è in piacer, da sè dolente morso
> Toglia benigno a sè nostre persone:
> O ci ricrei ed armi al fatal corso
> Ch'ha destinato l'eterna raggione.[5]

Il Bruno per fermo non piegava né implorava da Dio la nova redenzione né la benignità di tôrlo a sé: il Bruno, se poetò anche lui lì dentro, non ricorse a lamentevol metro; ma avrà inneggiato anche una volta a quella mente, ispiratrice del suo petto.

---

fra Pietro Ponzio (AMABILE, *Fra T. C. la sua cong., i suoi processi e la sua pazzia*, Napoli, Morano, 1882. III, 571-3. Credo anch'io col SOLMI (*La città del Sole di T. C.* ed. per la prima volta nel testo originale con intr. e docc., Modena. Rossi. 1904, p. XXI) molto probabile che questo sonetto sia stato scritto dal Campanella nel «carcere» del S. Uffizio.

[5] Questo sonetto fu pubblicato per la prima volta dall'AMABILE, *O. c.*, III, 557, e reca il titolo: «Sonetto fatto sopra un che morse nel S. Offizio in Roma».

Unde et fortunam licet et contemnere mortem! [6]

Ma quella fortuna malvagia dovette bene inasprirlo nei tristi giorni lunghissimi della prigione. Altro che la cattedra vagheggiata lì a Roma come porto sicuro, all'ombra del pontificato di quel Clemente, che gli avevano detto amasse *li virtuosi*.[7] Non v'ha, dubbio, che il nostro filosofo non poté in tutto quel tempo confermarsi nella speranza e nella fiducia, espressa a Venezia, al principio, p. es., del primo costituto, di potere, dando pieno conto di sé, essere riammesso nella chiesa cattolica.

Di ciò anche va tenuto conto per intendere pienamente l'atteggiamento assunto dal Bruno quando prima il Commissario e il Bellarmino, poi il Procuratore generale e il Generale dell'ordine domenicano si recarono al carcere per persuaderlo a riconoscere come eretiche ed abiurare le otto proposizioni imputategli. *Quod*, dice il verbale, *consentire noluit, asserens se nunquam*[8] *propositiones haereticas protulisse; sed male exceptas fuisse a ministris S. Officii*. Non ne volle sapere, affermando che né nelle dichiarazioni fatte in processo, e che egli mai aveva inteso implicassero la condanna nella sua filosofia, né nelle opere sue, egli mai aveva profferite eresie, cioè contrapposti domini a domini; che i ministri del S. Uffizio piuttosto non

---

[6] *De immenso*, I, I: *Opera*, I, I, 201.

[7] Docc. veneti, in BERTI, *O. c.*, p. 396.

[8] «Come spiegarsi» - chiede il FELICI, *Le dottrine filos.-religiose di T. Campanella*, Lanciano, 1895, p. 215 n. - quel nunquam dopo le ampie confessioni di Venezia?»: giacché, secondo il Felici, il Bruno «nei costituti veneti riconosce esplicitamente d'essere stato tutt'altro che immune da eresie ed errori (cfr. BERTI, pp. 120, 128)». E la spiegazione cui egli propenderebbe, è che «il Bruno, nel processo di Roma, incalzato più rigorosamente dai suoi giudici e più da presso dal pericolo, abbia alla sua volta applicata la teoria della doppia verità senza le concessioni fatte innanzi ai più miti giudici veneti; l'abbia applicata, dico, recisamente, in tutti i casi che gli erano presentati, e abbia cercato con tal mezzo di fare emergere illesa la sua ortodossia, a quel modo che da identiche o analoghe dottrine, professate da altri pensatori, non era rimasta, in

intendevano le sue dottrine.

Quali fossero queste proposizioni, di cui al Bruno si chiese l'abiura, finora non s'è riusciti a sapere. Fu bensì messa a stampa nel 1886 da chi potè averla, la sentenza di condanna, tratta dall'Archivio del S. Uffizio romano, contenente l'elenco di tali proposizioni; ma l'editore non potè averla e quindi pubblicarla se non mutilata appunto dove questo elenco cominciava.[9] Pure da cotesto documento abbiamo

virtù del ripiego in parola, pregiudicata la costoro posizione di faccia alla chiesa; e l'abbia potuta attenuare, la sua ortodossia, mentre riteneva in tutta la sua integrità, inflessibilmente, le sue dottrine filosofiche e scientifiche». È chiaro che a questo modo si potrebbe spiegare il contegno di Bruno in una discussione accademica e senza conseguenze; non la morte del Bruno. Con la dottrina della doppia verità non si andava incontro alla morte; e se questa dottrina fu condannata nel M. E. quando se ne facevano forti gli averroisti latini sillogizzatori d'*invidiosi veri*, non accadde mai che per essa si accendessero i roghi. Per quella dottrina il filosofo era pronto, di fronte alla Chiesa, a sacrificare la sua verità scientifica. E Bruno a Roma muore proprio per non saper sacrificare questa verità, ossia per aver superato le ambagi della doppia verità, e aver mantenuto coraggiosamente innanzi alle minacce di morte il concetto che era realmente la sostanza di quello che aveva sempre pensato: quel concetto, per cui la posizione della teologia di rimpetto alla filosofia, come dice argutamente lo stesso Felici, «è quella di due, dei quali l'uno può menar colpi all'altre, senza un riguardo al mondo e quest'altro deve far le viste di non accorgersi di nulla». Proprio così: questo è quello che attenuava il Bruno, ed è il suo merito. La filosofia risolve in sè il contenuto della religione; e la teologia, che non lo risolve, non può giudicare della filosofia.

Se a Venezia il Bruno ammise di aver errato e d'essere incorso, nei suoi libri, in proposizioni e dottrine non stretta niente ortodosse, e, *religiosamente*, dichiarò di volerne fare ammenda, non disse però che egli *filosofo* le dichiarava false: e sperò non s'insistesse né allora né poi nel chiedergli in qual conto egli, infine, intendesse tenere la sua filosofia. Questo è il punto. - Né, anche a Venezia egli si rifà propriamente dal principio della duplice verità; o meglio, crede di potervisi riferire; ma in sostanza anche lì la sua verità, se lo mettessero con le spalle al muro, egli direbbe che è la filosofia: e che i donimi hanno solo un valore pratico.

[9] Intorno a questa mutilazione mi piace riferire una fiera ma giusta osservazione di LUIGI AMABILE, che vale un documento. È a pp. 468-9 n. della sua memoria: *Due artisti ed uno scienziato: Gian Bologna, Jacomo Svanenburch e Marco Aurelio Severino nel S. Officio napoletano*, in *Atti della R. Acc. delle sc. mor. e pol. di Napoli*, vol. XXIV:
«Forse un giorno pubblicherò qualche documento dal quale apparirà come l'abito prelatizio, prossimo anche a mutarsi in porpora prelatizia, copra talvolta perfino gente senza fede, capace di azioni molto basse. Per ora debbo dire che ho rinunciato affatto al desiderio di studiare nell'Archivio del S. Officio romano, dopo di aver veduto che l'impostura è di regola in tale

appreso la prima delle suddette proposizioni, la negazione cioè della transustanziazione.[10]

Proposizione che suona così: *ch'era blasfemia grande il dire che il*

ramo: giacché, pur quando si giunga ad ottenere dal Papa la licenza di studiarvi, le copie dei documenti debbono sempre scriversi dagl'impiegati dell'Archivio dipendenti dal Commissario del Santo Officio, e per lo meno vi si sopprime ciò che si vuole sopprimere, senza neanche astenersi dall'asserire il falso. Ho dovuto persuadermene, leggendo l'opuscolo «Giordano Bruno per Raffaele De Martinis» Napoli 1889. [Anche altri cita questo libro con questa data: ma la copia, che io ne posseggo, reca la data del 1886]. L'autore, ch'è coltissimo sacerdote e pone il suo opuscolo nella «Biblioteca di S. Francesco di Sales per la diffusione gratuita de' buoni libri», ha ottenuto manifestamente dal Papà il permesso almeno di studiare e pubblicare la sentenza che colpì il Bruno: e la pubblica con una narrazione della vita del filosofo scritta sul tipo di que' tali buoni libri da diffondersi gratuitamente. A p. 12 egli registra un quarto processo fatto al Bruno in Vercelli dalla Inquisizione della Repubblica genovese, dopo i due fatti in Napoli ed il terzo fatto in Roma; e dice: «la conoscenza di questo quarto processo l'abbiamo dalla sentenza romana che lo ricorda». Poi a pag. 208 nella copia della sentenza romana tale ricordo non si trova, e là dove dovrebbe stare si legge questa sola proposizione con le parole seguenti: «Che tu havevi detto ch'era blasfemia grande che il pane si transupstantii in carne etc. *et infra.* Le quali proposizioni ti fu alli diece del Mese di Settembre MDXCIX prefisso il termine di IL giorni a pentirti»...: e qui una noticina a piè di pagina dice: «Questa *nota* non si ha in archivio. G. C. S.»; come più sotto, a proposito del processo, un'altra analoga noticina dice: «Non esiste oggi in archivio. G. B. S.». Il lieve scambio tipografico di lettere, ovvero anche la semplice variante, in siffatte iniziali due volte ripetute non impedisce di leggervi «Gio. Battista Storti» o «Giambattista Canonico Storti», appunto il Canonico sommista e capo degli officiali ossia impiegati addetti al Santo Officio, dal quale è stata certamente rilasciata la copia della sentenza e sono state aggiunte le due noticine. Ora canone notissimo della Pratica del Santo Officio circa la sentenza era che «conviene in essa esprimere articolatamente la causa della condannatione del reo» (Masini, Sacro Arsenale, Roma, 1639, p. 311); e tutte le sentenze che si conoscono (in Dublino se ne possono vedere interi volumi, oltre di che talune di esse sono state pure pubblicate) recano nel testo, non in note staccate, tutte le proposizioni eretiche ascritte al reo, come ancora tutti i precedenti della sua vita. Appunto poi pel Bruno, lo Sdoppio, che fu presente alla lettura della sentenza e ne diede notizia a Corrado Rittershausen, scrisse: «Ea autem fuit huius modi. Narrata fuit eius *vita, studia et dogmata* et qualem Inquisitio diligentiam in convertendo illo et fraterne monendo adhibuerit», etc. Dov'è, nella copia della sentenza, la narrazione della vita e degli studii, del Bruno, che recava naturalmente pure la notizia del processo di Vercelli? Manifestamente la copia della sentenza fu rilasciata con mutilazioni, dissimulate anche in bruttissimo modo. Ammetto volentieri che lo Storti non si sia comportato in tal guisa senza ordini superiori; ma con ciò la cosa riesce ancora più brutta, e la triste conclusione è, che a que' Signori del Santo Officio non si può prestare alcuna fede.

[10] Vedi l'Appendice in fondo a questo volumetto.

pane si transustanzii in carne: proprio come in cominciava la prima denunzia del Mocenigo: «dinunzio aver sentito a dire a Giordano Bruno nolano alcune volte che ha ragionato meco in casa mia, che è biastemia grande quella de' cattolici il dire, che il pane si transus-stanzii in carne». Interrogato su questo punto, il Bruno a Venezia aveva risposto. «Io non ho mai parlato di questa transubstanziazione, se non nel modo, che tiene la Santa Chiesa; e ho sempre tenuto e cre-duto come tengo e credo che si faccia transubstanziazione del pane e vino in corpo e sangue di Cristo, realmente, come tiene la Chiesa».[11]

In verità, niente più probabile ch'egli avesse, filosofando col Mocenigo, definito per bestemmia grande quel domma, parlando da filosofo appunto come aveva parlato nel *De immenso*, quando aveva scritto che lo splendore, fusione e comunicazione della divinità va ricercata nella reggia augusta dell'onnipotente, nell'immenso spazio dell'etere, nell'infinita potenza della gemina natura, che tutto diviene e tutto fa; «non, col secolo degli sciocchi, in un cibo, in una bevanda o in un'altra anche più ignobile materia: invenzioni fantastiche e sogni»; credenze, aveva detto nel *Sigillus siyillorum*, da Cerere e Bacco! E, si noti, proprio ne' libri, come ci attestano i documenti, il Bellarmino con l'innominato P. Commissario, a differenza dei giudi-ci di Venezia, era andato a cercare le eresie del Bruno. Onde per lui la denunzia del Mocenigo veniva ad acquistare la conferma degli Scritti stessi del Bruno. E non era più *unus testis, nullus testis* ad accusare il Nolano; c'erano i suoi libri, contro di lui; c'era essa stessa la sua filo-sofia, che egli doveva, dunque, disdire.[12]

---

[11] Docc. veneti, in BERTI, p. 406.

[12] «Divinitatis naturaeque splendorem fusionem et communicationem non Aegyptio, Syro, Gracco vel Romano individuo, non in cibo, poto et ignobiliore quadam materia eum attonito-rum secolo perquirimus, et inventum contingimus et somniamus»: *De imm.* I, I. in *Opera*, I. I, 205. «Doctores, qui qui passim in humanae et civilis conversationis interitum docent homines pro malefactis non timere, et nescio quibus sordidissimis confidere phantasiis, ad quas magis et

Quod consentire noluit. Bruno mantiene la sua posizione: egli non ha mai profferite proposizioni eretiche; proprio come aveva detto a Venezia contro il Mocenigo. — E i vostri libri? gli avrà, replicato il Bellarmino — E il Bruno: Voi vedete nei libri l'eresia perché movete dalla denunzia falsa di messer Giovanni Mocenigo. Ma nei libri io parlavo da filosofo ai filosofi e non definivo dommi, né potevo quindi combattere dommi. Rifiuterei le mie dottrine se esse contrastassero, nella mia intenzione, al contenuto degl'insegnamenti soprannaturali. Ma per me la verità razionale non è commensurabile con la verità rivelata. Il Dio che io vedo, — e che voi male intendete, — nella reggia augusta dell'onnipotente, nell'etere infinito, nell'eterna natura, non è il Dio vostro, in cui si transustanzia, agli occhi vostri, il pane e il vino. Lasciate a me, in quanto filosofo, il mio Dio; e io vi consento che il Dio della fede sia il vostro!

Non mi par possibile intendere altrimenti la magnanima risposta, che bastò al Pontefice Clemente VIII per ordinare che fosse pronunziata la sentenza, e frate Giordano consegnato alla curia secolare.[13] — A Venezia il 2 giugno '92 egli aveva pur detto che la materia de' suoi libri era stata sempre filosofica: «nelli quali tutti io sempre ho diffinito filosoficamente secondo li principii e lume naturale, non avendo riguardo principal a quel che secondo la fede deve essere tenuto»: parendogli generalmente consentito trattare articoli di scienza «secondo la via de' principii naturali, non preiudicando alla verità secondo il lume della fede; nel qual modo si possono leggere ed insegnare li libri d'Aristotele e di Platone, che nel medesimo modo indi-

---

certas (iuxta tam varia et dissepta eorum dogmata) de Cerere et Baccho credulitates, quam ad benefacta, Dii retributores respiciant, ut interim in antiquam barbariem retrudant perniciosos populos...» *Sig. sigill.* in *Opera*, II, II, 181-2. Questi passi furon già citati dal BRUNNHOFER, *G. Brunos Weltanschaunng and Verhängnss*, Leipzig, 1882, p. 241 e dal TOCCO in *G. B., conferenza*, p. 52.

[13] Vedi il doc. del 20 gennaio 1600, in BERTI, p. 447.

rettamente sono contrarii alla fede, anzi molto più contrari che li articuli da me filosoficamente proposti e diffesi».[14] E infatti non aveva esitato ad esporre in compendio, con tutta libertà, il contenuto della sua filosofia e gli stessi suoi dubbii filosofici intorno ad alcuni dommi determinati del cattolicismo.

A Venezia, dunque, pur dichiarandosi pronto a disdire da cattolico i suoi errori in materia di fede, aveva mantenuto fermamente quel principio che agli iniziatori della scienza moderna parve la vera base razionale della libertà del pensiero scientifico; il principio dell'assoluta incommensurabilità della verità religiosa con la verità della scienza: il principio a cui si appellerà più tardi (1616) il Campanella nell'*Apologia pro Galileo*,[15] e meglio Galileo stesso contro i suoi avversari teologizzanti; il principio a cui pur continuano ad appellarsi, pel solito anacronismo dei ritardatari, gli odierni conciliatori della scienza con la tradizione dommatica.

«Se gli Dei», dice Bruno nella *Cena delle ceneri*,[16] «si fossero degnati d'insegnarci la teorica delle cose della natura, come ne han fatto favore di proporci la pratica di cose morali, io più tosto mi accostarei alla fede de le loro rivelazioni, che muovermi punto della certezza de mie ragioni e proprii sentimenti. Ma, come chiarissimamente ognuno può vedere, nelli divini libri in servizio del nostro intelletto non si trattano le demostrazioni e speculazioni circa le cose naturali, come se fusse filosofia; ma, in grazia de la nostra niente e affetto, per le leggi si ordina la prattica circa le cose morali. Avendo, dunque, il divino legislatore questo scopo avanti gli occhi, nel resto non si cura di parlar secondo quella verità, per la quale non profittarebbono i volgari

---

[14] BERTI, pp. 399-400.

[15] FELICI, *Le dottr. filosofiche-religiose di T. Campanella*, p. 217 n.

[16] *Opere italiane*, G., I, 86.

per ritrarse dal male e appigliasse al bene; ma di questo il pensiero lascia agli uomini contemplativi, e parla al volgo di maniera, che, secondo il suo modo de intendere e di parlare, venghi a capire quel ch'è principale».

VI.

LA RELIGIONE DI BRUNO

Ma il rapporto della religione con la filosofia secondo il pensiero del Bruno è più precisamente determinato in un luogo dei dialoghi *De la causa, principio e uno* dove Teofilo dice: «Dato che sieno innumerabili individui, ogni cosa è uno; e il conoscere questa unità è il scopo e termine di tutte le filosofie e contemplazioni naturali; lasciando ne' sui termini la più alta contemplazione, che ascende sopra la natura, la quale a chi non crede è impossibile e nulla... perchè se vi monta per lume sopranaturale, non naturale. Questo non hanno quelli, che stimano ogni cosa esser corpo, o semplice come l'etere, o composto come li astri e cose astrali, e non cercano la divinità fuor de l'infinito mondo e le infinite cose, ma dentro questo e in quelle».[1] «*In questo solo* — conchiude il B. — *mi par differente il fedele teologo dal vero filosofo*»: cioè, si badi bene, il teologo che determina la fede, dal filosofo che determina la verità. Per conto suo, egli protesterà a Venezia di non aver professato mai se non filosofia; e in questi dialoghi, che sono il suo capolavoro, fa dire da Teofilo, che espone le dottrine di lui, al Dicson, che fu uno scrittore inglese di logica, seguace del Bruno:[2]

---

[1] *Opere italiane*, G., I, 232.

[2] Vedi MC INTYRE, *G. Bruno*, London, Macmillan, 1903, pp. 35-6, 324. Cfr. l'Appendice.

«Credo che abbiate compreso quel che voglio dire!»

Che aveva voluto dire? C'è una contemplazione superiore a quella della filosofia; perché c'è una divinità fuori del mondo, oggetto della filosofia: c'è una *mens super omnia, Deus,* oltre una *mens insita omnibus, Natura;*[3] ma quella contemplazione superiore, a chi non creda, è impossibile e nulla: è fede, uon atto dell'uomo, anzi di Dio; lume soprannaturale, che non hanno, egli dice, quelli che non cercano la divinità fuor della natura, ma dentro a questa. E chi fossero costoro il Dicson doveva saperlo, perché Bruno l'aveva pur detto nella *Cena delle ceneri* pubblicata l'anno innanzi, e che tanto rumore aveva sollevato nei circoli italianizzanti di Londra: Noi «abbiamo dottrina di non cercar la divinità rimossa da noi, se l'abbiamo appresso, anzi di dentro, più che noi medesimi siamo dentro a noi».[4]

Dunque: ci sarà, anzi c'è, una verità che la fede può far conoscere, ma non è la verità di Bruno, che non ha il lume soprannaturale; e col suo lume naturale vede, non la *mens super omnia,* ma la Natura, il vero e vivo vestigio dell'infinito vigore. Il suo Dio è il Dio del filosofo, la natura di Spinoza, da lui stesso definita: *Deus in rebus.* La distinzione dei due lumi, della natura umana e della grazia superin-

---

3 *De minimo,* I, I; *Opera,* I, III, 136.

4 *Opere italiane, G.,* I, 24. Nella *Lampas triginta statuarum* (*Opera,* III, 41) pare al Tocco (*Le opere inedite di G. B.,* Napoli, 1891 p. 47) che si restringa il residuo della trascendenza, perché quel principio che è la *mens* vien detto «magis intrinsecum rerum substantiae et intimius in omnibus ac siugulis, quain omnia ac singula esse possunt in se ipsis». La divinità, dice il Tocco, che è nelle cose nelle opere italiane è l'anima del mondo; qui questa *mens* è la stessa che è anche sopra omnia. Se fosse così, a me pare che il residuo della trascendenza non solo sarebbe ristretto, ma eliminato del tutto. Ma credo che l'immanenza pel Bruno abbia sempre lo stesso significato e lo stesso limite. Di questa *Mens* qui dice: «est supra omnia, infra omnia, in omnibus». Dunque l'essere *in omnibus* non toglie affatto l'essere *supra omnia.* E si è sempre alla Mens del *De minimo;* una mens, che è in primo luogo *mens innominabilis et incircumscriptibilis* (p. 37), *unitas absoluta,* un principio *ab omni contrarietate et oppositione universaliter absolutum:* ossia al neoplatonismo, che il Bruno nel fatto non riuscì mai a superare interamente.

fusa, della ragione e della fede, della filosofia e della teologia era antica; e può dirsi uno dei luoghi comuni della Scolastica. Ma in Bruno,
che scalza la trascendenza, su cui si fondava quella filosofia medievale, che poteva servire la teologia; in Galileo, che distrugge il geocen-
trismo così congruo con le imperfette idee teistiche e teleologiche,
che il Cristianesimo aveva ereditate dal Vecchio Testamento e dalla
filosofia aristotelica, la distinzione acquista un valore profondamente
diverso: per cui, delle due verità, l'una della ragione e l'altra della fede,
Bruno filosofo non ne riconosce più che una, la prima; Galileo tra i
libri sacri, oscuri, e l'*aperto libro*, com'egli dice, del cielo, afferma di
non dover leggere, per la scienza, se non il secondo!

In altri termini, la nuova filosofia e la nuova scienza si distinguono
dalla fede, non per mettere questa al di sopra di loro ed attribuire ad
essa il privilegio della verità a loro irraggiungibile, e a cui pur loro mi-
rano; anzi per negarle ogni valore rispetto ai fini a cui esse, in quanto filosofia e in quanto scienza, s'indirizzano. Il filosofo medievale
diceva: *credo ut intelligam*; Bruno vi dice chiaro e netto: *non credo ut
intelligam*. E altrettanto, a modo suo, ripeterà Galileo nella celebre
Lettera alla Granduchessa Madre (1615). Crederanno o non crederanno per altri fini, non importa: certo è che, per intendere, l'uno e
l'altro ritengono indispensabile affidarsi non alla fede, a una rivela-
zione che è atto altrui e non nostro; bensì alla nostra intelligenza: agli
esperimenti e al discorso dirà Galileo; alla contemplazione dell'unità
della natura, ha detto Bruno.

Questa, è la nuova coscienza scientifica, che si accinge a guardare il
reale con occhio non sorpreso da nebbie. Questo è l'inizio dell'età
moderna dello spirito umano.

Questa nuova coscienza scientifica è consacrata nel martirio di
Bruno; il quale non è uno dei tanti martirii, che l'uomo è stato sempre disposto a sopportare per gli ideali, onde viene recando in atto la
sua umanità. Il martirio di Giordano Bruno ha un significato specia-

le nella storia della cultura, perché non fu conflitto di coscienze individuali diverse; ma necessaria conseguenza del progresso dello spirito umano, che Bruno impersonò al cadere del '500, chiudendosi col Rinascimento tutta la vecchia storia della civiltà d'Europa: del progresso dello spirito, che giunse in lui ad avvertire per la prima volta e quindi a sorpassare la contraddizione, che fin dal medioevo lo dilaniava, tra sé e sé medesimo: tra spirito che crede, e professa di non intendere, e spirito che intende, e professa di intendere, cioè farsi da sé la verità sua.

Tale è la situazione del Bruno. Egli è pronto a tutte le ritrattazioni sul terreno della fede; quale si voglia e si determini, il contenuto di questa fede gli è indifferente. Non è per lui. Egli mira più su, come il suo Dicson a Londra comprese, e come gli studiosi della sua filosofia devono comprendere. La sua verità non è quella che si definisce nei Concilii ecumenici, dai Pontefici *in cathedra* o dai santi Tribunali; sibbene la verità che è nella natura, e che la ragione, cioè, per lui, la ragione sua definisce: la verità che egli ha celebrata tante volte entusiasticamente ne' suoi scritti di filosofo. Ma, come filosofo, non ha potuto talvolta non contrapporre la sua alla verità di coloro che si sforzano invano di conseguire la sapienza cercandola affannosamente con lunghi viaggi, per tutte le parti della terra, spendendovi gli averi e il miglior tempo della vita; o producendo le notti insonni nelle sollecite cure, studiando i monumenti degli antichi, per vedere di accogliere nel proprio spirito ansioso il furore dei vati ed esser fatti celebri dal riverbero luminoso dei saggi certi ed illustri;[5] non ha potuto

---

[5] I versi, qui riassunti, con cui si apre il cap. 1° del lib. VIII del *De immenso*, non hanno affatto il significato autobiografico loro attribuito dal BERTI, *O. c.* pp. 251-2, dalla FRITH (I, Oppenheim) *Life of G. Bruno* London, 1887, p. 218-9 e dal BRUNNHOFER, *o. c.*, p. 88. Per fraintendere a questo modo il testo bisogna fermarsi nella lettura di esso al v. 40 tronco, com'è alla fine di questa parte del capitolo (*Opera*, I, II, 286). Perché il *Nequicquam*, con cui è ripreso quel verso nella seconda parte, basterebbe già ad attestare che Bruno non intende schierarsi

non contrapporre la sua alla verità di quell'infermi di spirito e stolti, che pur si credono sani e savii per solo suffragio del volgo: ciechi, che non vedono la luce di Dio, benché splenda in tutte le cose; sordi, che non odono la sua sapienza, la cui voce pur parla da tutto, e tutti invita, e batte alle porte d'ognuno; certo giudicati da Dio indegni di vedere e di udire, poiché indegnamente cercano la luce del vero, quando la vogliono ministra di vile fortuna e procacciatrice di sostanze, da regolare e da approvare o riprovare secondo i sensi dell'uomo. Onde al luogo di Dio sottentra l'uomo solennemente parato, a cui gli altri uomini si prostrano; e di cui il Bruno fa una feroce dipintura.[6]

---

tra coloro che *solvunt pro studiis patrio de litore pappim* (non per volontà sua egli s'era allontanato da Napoli e d'Italia!). Vedi in proposito FIORENTINO, pref. a *Opera*, I, I p. XXXVII e sgg. e TOCCO, *Le opere latine di G. B. esp. e confrontate con le ital.*, Firenze, 1889, pagg. 301-2.

[6] Ecco qui i famosi versi della «violenta sortita contro il Papa» - come dice il TOCCO (*o. c.* p. 302) - a cui pare che in essi «si ecceda la misura»:

> Illius (sc. veri Iuvis) ergo loco, blando vesania vultu.
> Auriculas contecta venit fronde atque tiara
> Et mitra et gemmis asininum circinat unguem.
> Brutum veste tegit bustum talare, patrumque
> Circumstat laudata fides, bullae, atque sigilla.
> Parte omni nutans, quamvis se sustineat vix,
> Insignis graditur tamen haec, proprioque colore
> Et titulis celebris. Quare illam, poplite flexo,
> Exorant.

(*De immenso* VIII, 1: *Opera* I, II, 289). - Ora, qui il Bruno non ce l'ha tanto col Papa, quanto col volgo superstizioso e idolatra che adora il Papa invece di Dio, cercando *veri lucem*, come ha detto, *pro hominum sensu moderandam*. Quindi insiste tanto sull'apparato estrinseco di questa luce del vero o vestigio di Dio, tanto diverso da quello che egli adora nella Natura (*blando vultu, fronde, tiara, mitra, gemmis, veste talare, fides patum, bullae, sigilla, parte omni nutans, insignis, proprio colore, titulis*) e che tien luogo ai ciechi di quella luce genuina di Dio; la quale, a lui veggente apparisce, *nuda, nullis circumque stipata maniplis*. Non è satira perciò del cattolicismo in particolare, ma di ogni forma di adorazione superstiziosa del divino. Cfr. il *superstitioso cultu et ignorantia plusquam brutali* dell'*Oratio valedict*, in *Opera*, I, *i*, 20 e il *superstitioso insanissimoque cultui* dell'*Or. cons.*, I, I, 32-33.

«Ma a me, egli dice, non è mestieri trascorrere ai confini della terra: basta mi profondi nella mente; basta sopra a tutto vivamente desideri, per se medesima, la luce divina, e col sommo del mio ingegno mi sforzi di pervenire al cospetto della maestà sua, bramando e sperando di potermi beare nel di lei volto. È mirabile a dirsi, quanto ella sia dappresso, mirabile come ben pronta s'appresenti. Nuda ella è, e sola (*nullis circumque stipata maniplis*); e nuda irraggia luce da tutto il corpo; il santo corpo, che ingiuria grave sarebbe velare. Essa si fa da sè fede, e vuole che lungi stieno il naso, la fronte rugosa, il sopracciglio e la ben pettinata barba e quante vesti e testimonianze e titoli e insegne e parti assume per diritto suo l'ignoranza. Desiosa ella aspetta chi viene a lei, e generosa (quasi attendesse un amante) gli corre incontro, e l'accoglie con lieto aspetto, confortando il timido; e col sorriso del suo volto sereno fa divampare le fiamme che accese ben lentamente».[7]

A questa verità, che sola l'innamora, egli non potrà rinunziare. E

---

[7] At mihi non opus est terrarum excurrere fines,
Sufficit ut nientem subeam, per seque peroptem
Diam prae cunctis lucem summoque reposeam
Ingenio, propria prò maiestate petendani
Illius cupiens vultu speransque beari.
Mirum quani praesto est, mirum quam promptius adstat
Nuda illa est, nullis circumque stipata maniplis,
Nudaque de toto inculatur corpore lucem;
Magna est velari sanctum hoc iniuria corpus.
Ipsa fidem facit ipsa sibi, procul esse iubetur
Nasus, frons rugosa, supercilium, propexaque barba,
Et quaecumque suo ignorantia iure reposcit
Indumenta, fides, titulos, insignia.
Adventantem avide exspectat, generosaque, amantem
Tamquam deperiens, occurrit, et excipit ore,
Confirmans trepidum, ac vulta blandita sereno
Concipit intense quos lentius iutulit ignes.

Opera, I, II, 289-90.

per questa verità già non attese, le intimazioni di Soma per sentirsi disposto a fare olocausto della vita. Nel 1591, nella dedica del *De monade*, diceva già solennemente di sé: «Ma io, benché agitato da iniquo destino, avendo intrapreso da fanciullo una lotta diuturna con la fortuna, invitto serbo tuttavia il proposito e gli ardimenti, onde, o per avventura io ho toccata la salute, – di che solo Dio può essere testimone, – o non sono pur sempre infermo e sonnolento a un modo, o di certo domino il senso della infermità mia, e lo disprezzo affatto, sì che punto non temo della stessa morte. E però a nessun mortale, da me e con le forze del mio animo, e mi arrendo».[8]

E in quello stesso libro, nei versi messi in bocca al gallo vinto e morente,[9] si scrisse quasi, per dirla col Brünnhofer, la propria epigrafe: «Ho lottato, è molto: credetti poter vincere, e la sorte e la natura repressero lo studio e gli sforzi. Ma qualche cosa è già l'essere stato in campo; giacchè vincere vedo che è nelle mani del fato. Ma fu in me quel che poteva, e che nessuna delle generazioni venture mi negherà; quel che un vincitore poteva metterci di suo: non aver temuto la morte, non aver ceduto con fermo viso, a nessun simile, aver preposta una morte animosa a una imbelle vita».

---

[8] *Opera* I, II, 325.

[9] Pugnavi, multum est; me vincere posse putavi,
Et studium et nixus sors et natura repressit.
....
Est aliquid prodisse tenus; quia vincere fati
In manibus video esse situm. Fuit hoc tamen in me
Quod potuit, quod et esse meum non ulla negabunt
Secla futura, suum potuit quod victor habere:
Non timuisse mori, simili cestisse nec ulli
Constanti forma, praelatam mortem animosam
Imbelli vitae.

De monade, cap. 7; in *Opera*, I, II, 425.

VII.

IL SIGNIFICATO DELLA MORTE DI BRUNO

Imbelle sarebbe parsa al Bruno la vita, se egli avesse ceduto innanzi al Bellarmino, che, non contento delle dichiarazioni del processo, era andato studiosamente ricercando le dottrine dei suoi libri forse per tutti quegli anni, per cui si produsse questo misterioso processo romano, che gli archivarii del S. Uffizio non si sa quale interesse abbiano di tener celato giudizio della storia. Egli alle ultime intimazioni rispose, si noti, con un memoriale al Papa: che il 20 gennaio 1600, attesta il notaio del S. Tribunale, *fuit apertum, non tamen lectum*.[1] Questo memoriale ci direbbe tutto: ci direbbe, non ne dubito, che dal Bellarmino, inquisitore non che della religione, in cui il Bruno accettava i responsi degli oracoli, ma e della stessa filosofia, in cui il Bruno aveva sempre tenuto e teneva di non poter cercare altro Dio che quello che era nelle cose, la divina Natura; dal Bellarmino, negatore intollerante della distinzione tra la verità della fede, di cui i filosofi possono e debbono non curarsi, e la verità della ragione libera; della distinzione da cui il Bruno si rifaceva ancora a Venezia per dimostrare la possibilità d'una sua coscienza cattolica, quale gli era chiesta accanto alla sua filosofia, a cui non intendeva volgere le spal-

---

[1] Documenti romani, in BERTI, p. 447.

le; il Bruno si appellò al giudice supremo, al Pontefice, per ottenere daini quello che dal Bellarmino e dagli altri Inquisitori non gli riusciva più di ottenere, quello che solo gli poteva rendere accettabile la vita, consentitagli dalla Chiesa cattolica, secondo le sue antiche speranze: ossia la distinzione tra la *fedele* teologia e la *vera* filosofia; quindi il diritto d'una filosofia, di cui la teologia non avesse a ingerirsi; quindi una Inquisizione che non inquisisse, oltre la fede dei filosofi, la loro stessa filosofia. – Inquisite quanto volete, dice ancora una volta il filosofo: ma inquisite quello solo che è materia di fede al cui mantenimento siete deputati. Non toccate la mia filosofia, che voi in quanto teologi non potete intendere. Rispettate, come i luterani di Vittemberga, la mia coscienza filosofica!

Ma questa richiesta, che Bruno, iniziatore di un mondo nuovo, poteva e doveva fare, i mantenitori dell'antico non potevano accettare. Il memoriale fu aperto, ma non letto. La richiesta di Bruno pel Bellarmino e i suoi colleghi e per Clemente VIII era assurda; essi non vedevano questa filosofia, che Bruno affermava, non fondata sulla fede; non potevano ammettere una verità filosofica, che non fosse un grado della verità teologica, e quindi a questa subordinata. Non intendevano in che modo Bruno potesse riconoscere la verità della transustanzione ne' costituti, senza smentire la filosofia del *De immenso* e del *Sigillus*.

E, siamo sinceri, avevano ragione secondo i principii stessi di Bruno. Quel memoriale era, e speriamo possa essere anche per noi, un documento, prezioso per la sua immediatezza, degli sforzi supremi, che contro le leggi ferrate della logica fece il Bruno, o meglio la filosofia della Rinascenza, per disviluppare di tra le fasce del pensiero medievale la realtà vivente del pensiero umano, quale l'età moderna doveva intenderlo; e per far succedere al vecchio Dio di Platone e di Aristotile, il cui concetto rende impossibile il concetto del mondo e quindi del pensiero, per cui quello pure si escogita, il Dio nuovo, di cui non solo i cieli, anzi la natura tutta e lo spirito umano, che ne è il fastigio, narrano davvero le glorie. Ma quel memoriale non poteva dimostrare che Bruno, dal particolare punto di vista, a cui egli si arrestava, e a cui tutta la filosofia della Rinascenza si arrestò, avesse ragione contro il cardinal Bellarmino e contro Clemente VIII.

La posizione speculativa del Bruno, rappresentante genuino della filosofia del suo tempo, era intrinsecamente contradditoria.

Giordano Bruno è la conchiusione logica di tutto il Rinascimento, benché abbia dovuto attendere più di due secoli, perché fosse apprezzato il suo valore. È la conclusione del Rinascimento che giustifica, in teoria, l'arte contro le diffidenze e le accuse platonizzanti del medio evo, e rinnova in fatto il culto antico della forma, nella indipendenza assoluta da ogni preoccupazione estranea ai fini propri dell'arte; – del Rinascimento che, accogliendo la nuova dottrina copernicana, sconvolge l'intuizione cosmologica, che la terra dell'uomo contrapponeva ai cieli di Dio in un sistema chiuso di rapporti finiti; e solleva anche la terra e l'uomo alla dignità dei cieli interminabili; – del Rinascimento, che dai comuni, spontaneamente sorti dal seno dell'Impero, alle Signorie, creazioni anche più evidenti di volontà autonome e di interessi immediatamente umani, scava la terra sotto al Sacro Romano Impero, contrastato apertamente dal Cristianissimo; e mette capo al Machiavelli, che spietatamente teorizza l'origine umana degli stati, e liberamente ne proclama l'assoluto valore intrinseco, cui anche il pregio della religione vien subordinato; – del Rinascimento, che coi neoplatonizzanti comincia a vedere in tutte le cose naturali e in fondo all'animo dell'uomo il vestigio di Dio, e coi nuovi epicurei a riabilitare il piacere dei sensi; e prosegue arditamente col Pomponazzi negando l'antica trascendenza del principio divino, che Aristotile aveva additato nell'anima come la sua parte immortale; e poi col Telesio a toglier via dalla natura quell'opposizione di materia e forma, legata dalla filosofia antica al pensiero individuale, onde si sequestrava dalla natura il principio della natura, e della vita e dell'anima; e finirà, nel Campanella per negare l'opposizione dell'essere al pensiero. Del Rinascimento, insomma, che distrugge tutto l'antico modo di considerare la realtà naturale ed umana; – e pure non ha la forza di negare, quello che era il fondamento della intuizione antica: un Dio che è fuori del mondo; quindi una fede che non è ragione; quindi una chiesa istituto sociale, che non è Stato, ma sopra lo Stato; quindi in ogni poeta paganizzante, come in ogni politico realista, come in ogni filosofo naturalista, due coscienze: la coscienza del poeta, del politico, del filosofo e la coscienza del credente: uno spirito senza fede, e una fede senza spirito. Questa appunto la Italia rinascente, che muore in Bruno per poter poi rinascer davvero. Da quegli spiriti senza fede, la corruzione del poeta, che e poeta e non sa esser altro, e non ha vita morale, perché non ha vera religione; e non ha fede che nell'arte, in cui si chiude, spegnendo in sé come gl'interessi pratici, così l'amore del divino, che è la più alta e la più vera aspirazione umana; spegnendo quindi in sè l'uomo stesso, e però anche l'arte. Donde la letteratura fatta professione, tralignante nella rettorica e nell'accademia, e in tutto il falso della cultura italiana della decadenza lungo i secoli accidiosi del sei e settecento. Da quegli spiriti senza fede la degenerazione della grande politica del Machiavelli nel machiavellismo, nell'arte per l'arte del governare, senz'anima, senz'ideali, senza i lini del vero governo, senza la fede entusiastica dell'ultima pagina del *Principe*, non più letta. E quindi anche quella filosofia di professione, la filosofia dei seminari gesuitici e delle università peripatetiche, che dimenticheranno Bruno e Campanella e non s'accorgeranno di Vico: la filosofia dotta, sempre al corrente delle mode, volta a volta cartesiana, lockiana, newtoniana, leibniziana, ma sempre legata alla buona, alla sana tradizione scolastica; la filosofia che spadroneggiò nelle nostre università nei secoli XVII e XVIII (e che non è ancor morta), senza fare un filosofo, cioè senza riempire un'anima, senza dare una fede: onde nel mondo ora nemmeno se ne pispiglia.

Questo mondo falso era stato scrollato dal Bruno nel primo anno del XVII secolo: perché, se era vissuto anche lui nella contraddizione e nell'equivoco, morendo per la sua filosofia, o meglio, per quello che c'era di nuovo nella sua filosofia, egli provò con l'esempio che dall'equivoco bisognava uscire; che il filosofo non ha altra vita e altra anima che quello del filosofo, la quale è incompatibile con certe istituzioni, e però con certa fede, che sarebbe un'altra filosofia.

Anche la filosofia del Bruno presupponeva, e svolgeva il concetto dell'immanenza del divino nella natura e nell'uomo; e intanto non negava il principio speculativo della teologia cristiana, della trascendenza di Dio. Non lo negava, non già in quanto coscienza religiosa, quale si atteggiò per esigenze pratiche innanzi agl'inquisitori; ma proprio in quanto quella coscienza filosofica, che il Bruno afferma ripetutamente essere la forma speciale della sua coscienza. L'abbiamo già visto: nella filosofia di Bruno non si nega già il concetto di una verità superiore, termine della fede; ma si nega soltanto la conoscibilità razionale della medesima. Questo è un punto fuor di questione nella critica bruniana. Il Dio dei cattolici, la *mens super omnia*, Bruno non solo non la nega; ma ne fa il principio di quella, *mens insita omnibus* che è la Natura, il Dio della sua filosofia: soltanto che egli, filosofo, non conosce il primo, e lo esclude dal campo della sua speciale investigazione. Cotesto Dio, che è al di là di quello, che egli adora come filosofo, contemplandolo nella viva, eterna, infinita natura, è qualche cosa come il noumeno kantiano: un concetto limite; un *caput mortuum*, è vero, nella sua dottrina, essenzialmente naturalistica: ma uno di quei *capita mortua*, che, in certe contingenze storiche dei sistemi, bastano a paralizzare le energie di verità che essi posseggono.

Quando Bruno innanzi al S. Uffizio, a Venezia, dichiara: «In questo universo metto una previdenza universale, in virtù della quale ogni cosa vive, vegeta e si move, e sta nella sua perfezione; e la intendo in due maniere: l'una nel modo con cui presente è l'anima nel corpo tutta in tutto, e tutta in qualsivoglia parte; e questa chiamo *natura*, ombra e vestigio della divinità; l'altra nel modo ineffabile col quale Iddio per essenzia, presenzia e potenzia è in tutto e sopra tutto, non come parte, non come anima, ma in modo inesplicabile»;[2] – egli non fa che rappresentare con tutta sincerità il principio fondamentale del suo filosofare.

Si è detto a ragione, che «l'ideale di Bruno (quell'ideale, verso cui egli non è indifferente, al quale aspira e si sforza di arrivare con tutta la energia del suo spirito, e col quale vorrebbe immedesimarsi e pure sente di non potere; che, mentre gli si dimostra inaccessibile e così lo fa certo della imperfezione della conoscenza, pure lo eccita a sempre nuova ricerca) non è il Dio astratto puramente estramondano de' teologi, che egli ha abbandonato, ma il Dio vivo e essenzialmente creatore o l'infinito Spirito, a cui la mente non può salire che mediante la contemplazione della infinita Natura».[3] Ma è incontestabile che egli, per quanto lo abbia abbandonato, non riesce, non può riuscire a dimenticare *quel Dio,* che, *come assoluto*, dice nello *Spaccio,*[4] *non ha che far con noi.* Dico non può riuscire, perché nella sua filosofia il concetto vero di Dio, di quel Dio che potesse, succedere all'antico, mancava: c'era il Dio Natura, ma non c'era quello che può rendere intelligibile lo stesso Dio-Natura: il Dio-Spirito. Onde questa Natura non può per lui, dal *De Umbris* al *De Minimo*,[5] – essere altro che un Dio che è fuori della stessa Natura, che pure è il Dio del filosofo; sicché il

---

[2] Documenti veneti, in BERTI, p. 400.

[3] SPAVENTA, *Saggi di critica*, Napoli, Ghio, 1897, p. 227.

[4] *Opere italiane, L.,* pag. 533.

[5] Pel *Umbris*, v. *Opera*, II, I, 21-2. Pel *De minimo*, v. qui sopra pp. 82-3.

Dio del filosofo, la verità, oggetto della filosofia, suppone un principio estrinseco, come suo fondamento: proprio come l'oggetto della scienza vera secondo Kant.

Ora, ammessa questa verità oltremondana, non raggiungibile se non per contemplazione soprannaturale, e quindi oggetto proprio ed esclusivo della fede, è agevole vedere quanta sia l'importanza della religione, secondo la stessa filosofia bruniana, che vuole appartarsene e costruirsi con le sole forze della ragione; e quali i fondamenti filosofici di quell'ufficio pratico da lui assegnato alla religione, quale che fosse, in quanto magistero sociale. La legittimità in generale di ogni religione consiste appunto in questo margine, che le lascia la filosofia, nella conoscenza della verità; la superiorità, almeno morale, della religione rispetto alla filosofia consiste pure in ciò, che la stessa verità della filosofia presuppone una più alta verità, che è la verità della religione. E se la religione, secondo lo stesso Bruno, non si realizza se non come una religione determinata; se anzi, com'egli stesso dichiarava al Mocenigo e aveva già scritto nello *Spaccio*, tra le forme di religione nessuna ve ne era che sopravanzasse, per le finalità pratiche, il cattolicesimo; se il cattolicesimo era quello che era, con la sua Santa Inquisizione, destinata a provare l'assolutezza della legge religiosa con quello stesso rigore pratico che il diritto umano assegna al magistrato penale per la prova reale dell'assolutezza della legge umana positiva; se questa assoluta legge religiosa si specificava in dommi determinati, che la filosofia di Bruno veniva a negare; si può chiedere a quanti onorano la memoria dell'infortunato Nolano: la sua condanna non era la conseguenza logica di quelle dottrine, che, con tutta la novità delle sue intuizioni, Bruno non aveva potuto se non confermare?

La questione, a tempo del Bruno, era appunto in quei termini: se ci ha da essere una legge, il cui vigore si realizzi con la condanna di chi l'infrange; se una legge non può esserci se non è garentita da una religione; se questa religione è praticamente combattuta dalla divulgazione di una filosofia, che ne fa comparire assurdi i dommi; com'è possibile non condannare l'autore di questa filosofia, che, minando i fondamenti della religione, infrange la legge? Le premesse generali di questo diritto della Chiesa erano tutte accettate e rincalzate dallo stesso Bruno.

VIII.

L'EROISMO E L'EREDITÀ MORALE DI BRUNO

Bruno, nel suo eroico furore pel nuovo Dio, che gli brilla innanzi allo spirito commosso, non s'accorge che tutto il vecchio mondo pur gli grava le spalle, e l'inchioda a quelle istituzioni, di cui la filosofia nuova è la negazione. Egli non ha coscienza della contraddizione tra il suo assunto d'una filosofia, che afferma l'infinità reale della natura, e il concetto di un Dio, ente realissimo, fuori della natura: non si avvede che questa filosofia, che egli professa, distrugge la vecchia fede. Egli fu sempre persuaso di quel che disse ai giudici di Venezia, e aveva detto otto anni prima nella *Cena delle ceneri*: «Dalla censura di onorati spiriti, veri religiosi, e anco naturalmente uomini da bene, amici della civile conversazione e buone dottrine, non si de' temere; perché, quando bene avran considerato, trovaranno, che questa filosofia non solo contiene la verità, ma ancora favorisce la religione più che qualsivoglia altra sorte de filosofia».[1] Pure, a quando a quando, un segreto presentimento del suo destino lo assale; e allora si raccoglie tutto nel pensiero nuovo che l'esalta, e gli fa sprezzare la morte:

E chi mi impenna, e chi mi scalda il core?

---

[1] *Opere italiane, G.*, I, 91.

Chi non mi fa temer fortuna o morte?
Chi le catene ruppe e quelle porte,
Onde rari son sciolti ed escon fore?
L'etadi, gli anni, i mesi, i giorni e l'ore,
Figlie ed armi del tempo, e quella corte,
A cui né ferro, né diamante è forte,
Assicurato m'han dal suo furore.
Quindi l'ale sicure a l'aria porgo,
Né temo intoppo di cristallo o vetro;
Ma fendo i cieli e a l'infinito m'ergo.
E mentre dal mio globo agli altri sorgo,
E per l'eterio campo oltre penetro,
Quel ch'altri lungi vede, lascio al tergo.[2]

Ecco l'anima di Bruno: l'anima ribelle, che dirà *no* con tutta la sua forza nell'ora estrema ai ministri di quel Dio, che egli si era infatti lasciato al tergo: l'anima nuova, che vorremo sempre onorare, perché quando quel Dio, che ella aveva lasciato sopravvivere accanto e oltre al suo nuovo Infinito, le si rizzò contro con tutta la energia della logica, e le intimò di abiurare addirittura la sua filosofia, tenne fede incrollabile alle idee, che il pensiero umano doveva più tardi svolgere per instaurare in se stesso il regno del Dio nuovo. Nello stesso verbale dei buoni padri della Confraternita di S. Giovanni Decollato, che assisterono Giordano nelle ultime ore, accompagnandolo dal carcere al rogo, trema l'inconscia commozione di quello spettacolo di eroica fermezza, con cui la filosofia s'accampò contro una giustizia destinata a tramontare.

A sei ore di notte si recarono a Torre di Nona confortatori e cappel-

---

[2] *De l'infinito*, in *Opere Italiane*, G., I, 277-8. Cfr. il *De immenso*, I, 1.

lano, e fu loro consegnato l'impenitente: «il quale», dice il verbale, «esortato da' nostri fratelli con ogni carità, e fatti chiamare due padri di S. Domenico, due del Gesù, due della Chiesa Nuova e uno di S. Girolamo, i quali con ogni affetto e con molta dottrina mostrandoli l'error suo, – finalmente stette sempre nella sua maledetta ostinazione, aggirandosi il cervello e l'intelletto con mille errori e vanità; e tanto perseverò nella sua ostinazione, che da' ministri di giustizia fu condotto in Campo di Fiori; e quivi, spogliato nudo e legato a un palo, fu brusciato vivo, acconpagnato sempre dalla nostra Compagnia, cantando le letanie, e li confortatori sino a l'ultimo punto confortandolo a lassar la sua ostinazione; con la quale finalmente finì la sua misera e infelice vita».[3]

Senza questa maledetta ostinazione ne' suoi errori e nelle sue vanità, la quale era cominciata, come s'è veduto, da quando il P. Bellarmino e il P. Commissario gli chiesero l'abiura delle proposizioni raccolte dai libri e dai costituti, e che rinnovò nel carcere di Tor di Nona, nell'estrema giornata del Bruno, una disputa filosofica molto somigliante a quella che terminò l'estrema giornata di Socrate: senza questa ostinazione, la figura di Bruno non avrebbe tutto il significato che ha nella storia della cultura. Senza di essa non sarebbe stato compiuto il martirio della fede nuova dell'uomo, che cominciava a scorgere la divinità attorno e dentro a sé medesimo in quell'universo infinito ed uno, sostanza identica di tutte le cose, considerate nella loro verità, o come dirà Spinoza, *sub specie aeternitatis*. E se è vero che non ci ha mai da essere fede senza martirio, perché nessuna fede si può aprire la strada tra le maglie della realtà storica, sempre organicamente consolidata e pronta a resistere alle forze nuove ed innovatrici;

---

[3] BRUNO, *Opera*, III, p. XII: ma già pubbl. da R. DE MARTINIS, *o. c.*, e poi ripubblicata da parecchi altri, fino a D. ORANO, *Liberi pensatori bruciati in Roma dal XVI al XVIII sec.* Roma, 1904, 88-9; dove sono ricordati i precedenti editori.

senza questa ostinazione, cioè senza questa immedesimazione della fede nuova con lo spirito umano, storico e concreto, questa fede non si sarebbe mai avviata verso la vita, ad investire la realtà, ad orientarla secondo nuovi ideali. Il martirio di Bruno ha per noi questo significato: esso è la conchiusione e correzione inveratrice della sua filosofia; è una dimostrazione reale dell'esigenza radicale del pensiero moderno, che non può più consentire, come Bruno illudendosi aveva sperato, con l'antica intuizione del mondo. Se Bruno non fosse stato bruciato, poteva parere possibile una conciliazione; come volle che sembrasse possibile Galileo, quando abiurò, non un'eresia, ma la sua fede scientifica.

Bruno fu saldo invece a sostenere la libertà suprema della scienza, e a protestare che una filosofia non potesse essere eretica, e non potesse esser giudicata dalla Chiesa. Bruno quindi provò che la vita dell'intuizione antica del mondo che ha fuori di sé Dio, cioè la verità, e però la scienza, è la morte della nuova filosofia, che rende possibile la scienza, come la virtù, come l'arte, facendo realmente scendere Dio in terra e nell'animo nostro, come verità, come bellezza e bontà, vera umanità, in generale, per tutto ciò che di divino appunto essa viene realizzando nel mondo. Questa filosofia, che con Bruno divinizza la natura, e dopo Bruno divinizzerà l'uomo in ciò che l'una e l'altro hanno d'infinito e di eterno, questa filosofia dopo il 17 febbraio 1600 sappiamo, per converso, che non può vivere se non per la morte di quella vecchia intuizione. Morte, che per noi non sarà, se la nostra filosofia è davvero la nuova filosofia, la morte dei giudici di Bruno; i quali giudicarono come voleva la loro coscienza; ma la morte del loro spirito nel nostro, e la fine di tutte le intolleranze.

Il vero errore di quei giudici fu di non aver veduto, che, morto Bruno, la sua filosofia sarebbe stata più viva di prima. E noi, per rivendicare Bruno e correggere quell'errore, non possiamo se non ravvivare in noi lo spirito di Bruno, raccogliendo l'ultimo ammonimento da lui dato a un discepolo testimone della sua morte: «*seguire le sue gloriose pedate e fuggire i pregiudizi e gli errori*».[4]

Il suo rogo e tutti i roghi ormai sono spenti da un pezzo: la Chiesa continua a giudicare, ma non ha curia secolare pronta all'esecuzione della sue sentenze. Le quali ora sono quelle che devono essere: sentenze di autorità religiosa per spiriti che quest'autorità riconoscono. La libertà del pensiero, proclamata dal Bruno, è un fatto storico; e la storia non indietreggia. Ma un altro trionfo egli aspetta: quello che i maestri liberi delle nuove libere generazioni devono celebrare, insegnando con lui, che c'è un Dio da riconoscere nel mondo che ci sta dinanzi e nel mondo che noi facciamo, in tutto ciò che è reale o dev'essere reale per noi, verità della nostra scienza e norma della nostra volontà: un Dio, dunque, che bisogna realizzare con salda fede nella legge della coscienza e nella legge dello Stato; e a cui non si voltano le spalle, senza smarrire la verità del sapere e la bontà del volere, pubblico e privato. Insegnando, che, quando questo *Deus in rebus* non è altrui raggiungibile, un Dio qualunque, che valga sinceramente come fondamento della legge inviolabile della vita, un Dio davvero riconosciuto ed amato, è meglio, molto meglio di nessun Dio; e che tutte le fedi, però, vanno onorate, non per galateo o per politica, ma perché ognuna, a chi la possegga, è un valore assoluto e la ragione di tutti i valori.

---

[4] BERTI, p. 326. n.

APPENDICE

UNA NUOVA MONOGRAFIA INGLESE
SU GIORDANO BRUNO[1]

Dopo la monografia ancora utile di I. Frith (Isabella Oppenheim), riveduta dal Carrière (1887), ma direttamente concernente solo la vita del Bruno, la letteratura inglese s'è arricchita testè di un eccellente lavoro del prof. Intyre dell'Università di Aberdeen; il quale ha scritto sul Bruno uno di quei libri ordinati, semplici, eleganti di cui gl'inglesi par che posseggano il segreto; in cui la critica e l'anima dello scrittore si mostrano il meno possibile (*as little as possible*) e sono abilmente dissimulate dall'arte di narrare e di esporre, che lo scrittore adopera, di un'apparenza quanto mai ingenua, senza enunciazione di tesi da dimostrare, senza professione di metodi da seguire, senza discussioni o polemiche con altri scrittori precedenti. E la stessa preparazione erudita dell'autore si contenta di apparire discretamente in una semplice lista bibliografica a capo o in fondo al volume, la quale rende possibile che nel corso del libro l'apparato delle citazioni, spesso così pesante nei libri di storia tedeschi e italiani, si restringa a brevissimi rimandi, che non distraggono l'attenzione di chi legge.

---

[1] Recensione del volume di J. LEWIS MC INTYRE, *Giordano Bruno*, London, Macmillan a. Co., 1903, pp. XVI-365, in-8°; pubblicata ne *La Critica* del 20 novembre 1905; a. III, pp. 523-530.

Di questa monografia io non intendo qui accennare se non i pochi tratti che presentino un certo interesse di novità. È divisa in due parti: una dedicata alla vita, e l'altra alla filosofia del Bruno. La prima, fondata sui documenti del Berti, del Dufour e d'altri e sugli accenni autobiografici, che ricorrono nelle opere del filosofo, è succinta e rapida; ma molto accurata e piena. Soltanto in qualche punto secondario manca al biografo l'opportuna conoscenza delle indagini più recenti, spesso pubblicate in riviste od opuscoli non sempre in verità facilmente accessibili a uno studioso inglese. Così, per la famiglia del Bruno egli rimanda ancora, col Brunnhofer e col Sigwart, alle notizie attinte dal Fiorentino nei *Fuochi* di Nola (*Giorn. napol. d. domen.* 29 gennaio 1882); le quali, com'è stato messo in chiaro dal prof. Spampanato,[2] poggiano su uno strano abbaglio, per cui il Fiorentino attribuì al 1545 una numerazione dei fuochi del 1563 (cfr. Berti. *Vita*, 367-371). Il giudizio sulla poesia del Tansillo (*following the taste of the age, was not too refined*) non è niente esatto per insufficiente cognizione e della poesia del Tansillo e del gusto di quell'età. – Per la seconda dimora del Bruno a Parigi (1585-6), per la disputa dell'Hennequin nel Collegio di Cambray, e per altri casi e idee del Bruno non poco profitto avrebbe l'A. potuto ricavare dalle preziose note del Cotin pubblicate nel 1901 dall'Auvray.[3] Per la storia dei pro-

---

[2] *Bruno e Nola*, Castrovillari, 1899, p. 10. Gli studi modesti ma diligenti dello Spampanato han recato e continuano a recare non poca luce su molti particolari interessanti della vita e degli scritti del Bruno; e meriterebbero altra considerazione che generalmente non ottengano. Dopo l'importante opuscoletto sopra menzionato egli è venuto pubblicando altri quattro lavori: *Antipetrarchismo di G. B.*, Milano, Trevisani, 1900; *Lo spaccio della bestia trionfante con alcuni antecedenti*, Portici, Stab. tip. Vesuviano, 1902; *G. B. e la letter. dell'Asino*, ivi. 1904; *Alcuni antec. e imitaz. francesi del Candelaio*, Portici, Della Torre, 1905. Quest'ultimo è dei più concludenti della ricca letteratura sul Candelaio. [Da aggiungere ora il nuovo scritto: *Somiglianze tra due commediografi napoletani, (Bruno e Della Porta)*. Napoli, Jovene, 1906].

[3] *G. B. a Paris d'après le témoignage d'un contemporain*, in *Mémoires de la Société de l'hist. de Paris et de l'Isle de France*, t. XXVII; cfr. Tocco, *Di un nuovo doc. su G. B.*, in *N. Antol.*, 1 settembre 1902, pp. 86 sgg.

cessi veneto e romano l'autore si attiene alla conferenza del prof. Tocco (*G. B.*, Firenze 1886), che certo rischiarò assai questa materia; e stima probabile anche lui, che debbasi escludere ogni corrispondenza tra le otto proposizioni eretiche accennate nel decreto dell'Inquisizione del 14 gennaio 1599 e le accuse del Mocenigo, e credere che i risultati del processo siano stati diversi dalle imputazioni del denunziante. Ma quando nel 1886 il signor Raffaele De Martinis in un suo libercolo, del resto assai infelice (*G. B.*, Napoli, tip. degli Accattoncelli, pp. 207-12), ebbe pubblicata dall'Archivio del S. Ufficio, mutila, la minuta della sentenza con cui si conchiuse il processo romano, lo stesso Tocco dovette confessare che questo documento veniva a scuotere le sue argomentazioni. L'elenco infatti delle proposizioni addebitate al Bruno in cotesta sentenza si rifà appunto dalla negazione della transustanziazione (già esclusa dal Tocco ora dall'Intyre) e comincia anzi con le stesse parole del Mocenigo: *ch'era blasfemia grande il dire che il pane si transustanzii in carne.*[4]

Luce nuova, come annunzia nella prefazione, l'Intyre ha procurato di gettare sugli anni del Bruno passati (1583-85) nella Gran Brettagna, sui suoi rapporti col Castelnau, e sulla parte avuta in alcuni movimenti letterari del tempo. Ma neanche a lui è riuscito di scoprire nessun documento diretto, relativo a questo periodo della biografia bruniana; periodo, del rimanente, a noi più noto e più chiaro d'ogni altro nella oscura vita del Nolano, grazie alla copiosa e vivace rappresentazione che egli stesso ne fece ne' dialoghi italiani.

Con molta diligenza, e più felicemente degli stessi biografi posteriori, già aveva illustrati quegli anni il Bartholmèss, del quale forse qui l'autore non tiene conto abbastanza. Secondo le sue nuove osservazioni, da Fulke Greville – in casa del quale il Bruno dà come avvenuta la

---

[4] Vedi le nuove osservazioni del Tocco nell'*Arch. f. Gesch. d. Philos.*, IV, 318-50, e nell'art. cit. della *N. Ant.*, pp. 88-9.

disputa della *Cena delle Generi*, almeno nella stessa *Cena*, – Francesco Bacone potrebbe essere stato introdotto alla conoscenza degli scritti del Bruno; e per suo mezzo anche deve averli conosciuti lo Spenser, che secondo la congettura del Whittaker *(Essays; a. notices*, 1805. p. 94), accettata dall'Intyre, dallo *Spaccio* sarebbe stato ispirato ne' suoi *Cantos on Mutability*. Spenser, del resto, dal 1580 al 1587 vissuto sempre in Irlanda, non può essersi incontrato nel Bruno; che invece potè conoscere Bacone, al suo giungere in Inghilterra, già noto come critico di Aristotile. È nota la oscura questione dibattutasi molto in Germania e più in Inghilterra, anche recentemente,[5] dei rapporti probabili tra Bruno e Shakespeare. Ma a ragione l'Intyre ritiene che «l'idea che il B. abbia conosciuto Shakespeare e abbia esercitata un'influenza su di lui è interamente fantastica». – Curiosa l'osservazione, che quel maestro Guin (Mattew Gwinne), dal Bruno presentato casualmente accanto al Florio,[6] si trova infatti aver aiutato il Florio nella traduzione a cui questi attese, dopo la partenza del Bruno, degli *Essais* Montaigne (pubbl. nel 1603). – Lo Smitho, interlocutore della *Cena*, neppure l'Intyre ha potuto precisare chi sia; ma crede che potrebbe essere il poeta William Smith, un discepolo di Spenser, autore del poema pastorale *Chloris or the complaint of the passionate despised Shepherd*.[7] – Altro personaggio inglese, certamente storico, è l'Armesso (o Harmesso) della *Causa, principio e uno*; ma l'Intyre non ne dice nulla. – Notizie preziose ci dà invece del Dicson della *Causa*:

---

[5] *G. Bruno in England*, in *Quartely Review*, ottobre 1902.

[6] Vedi la *Cena* in *Opere italiane*, G., I, 38.

[7] Il prof. E. SICARDI (*Il Candelaio di G. B. con prefaz. e note*, Milano, Souzogno, 1889, pp. 39) ha espresso l'opinione che lo Smitho della Cena «con molta probabilità» potrebbe essere quel *Joseph Britisch Consu at Venice*, a cui appartenne l'esemplare del *Candelaio* che si conserva nella Palatina di Firenze. Ma bisognerebbe cercare in che tempo a Venezia ci fu questo console Joseph Smith. [Vedi ora *Opere italiane*, G., I, 88].

«quel dotto, onesto, amorevole, ben creato e tanto fedele amico Alessandro Dicson, che il Nolano ama quanto gli occhi suoi». Ora intendiamo meglio perché lo amasse tanto. Egli pubblicò nel 1583 un libro *De umbra rationis et iudicii, sive de memoriae virtute prosopopea*: evidentemente ispirato, nota l'Intyre (p. 36), al *De umbris idearum* del Bruno, e fondato sugli stessi principii neoplatonici.

«L'opera, appena abbozzata (*extremely sketchy*), diffusa in alcuni punti, è di piccolo valore. Ma da una critica che essa provocò, pare che abbia avuto una certa voga, e sia stata sostenuta da una scuola vigorosa e aggressiva, a cui dev'essere appartenuto anche il Bruno. Infatti nel 1584 uscì un *Anti-dicsonus* di uno scolare di Cambridge, G. P., dedicato a un autorevole filosofo e dottore di medicina, Thomas Moffat o Moufet, da cui si sperava un l'incalzo contro la «scuola di Dicson». L'autore è un seguace di Ramo, e mette in canzonatura l'arte della memoria, che consiste in *locis et umbris*, e i suoi «vani (*self-parading*) memoriografi, come Metrodoro, Rosselli, il Nolano e Dicson; questi sono gli scogli e i gorghi, in cui la pura scienza della memoria sarebbe stata pienamente distrutta, se essa non si fosse attaccata alla fede nei Ramesi come a una colonna di rifugio». Questa polemica, nota a ragione l'Intyre, può giovare a spiegarci l'antipatia che nella *Causa* il Bruno dimostra contro Pietro Ramo, ch'è stata sempre difficile a intendere, considerando che in fine il Bruno doveva pur vedere nel Ramo un riformatore della filosofia come lui, e come lui zelante avversario di Aristotile. E gioverebbe pur ricordare che l'amico e protettore di Brillio, il Castelnau, era un vecchio ammiratore del Ramo, di cui aveva recato in francese (1559, 2ª ed., 1581) il *Liber de moribus veterum Gallorum*.[8] L'assegnamento, soggiunge l'Intyre, che G. B. fa sull'aiuto del Moffat per respingere «gli attacchi

---

[8] BARTHOLMÈSS, I, 106.

di Seepsius [nome sotto cui si sarebbe celato nel *De Umbra* il Dicson istesso], e l'ira e la violenza contro di me di tutta la scuola di Dicson» mostrano che l'insegnamento di Bruno e della sua dottrina mnemonica non era caduto su un terreno interamente sterile» (p. 325).

A questo proposito l'Intyre ricorda (p. 30 e 325) anche il *Compendium memoriae localis* (s. d., ma uscito nel 1585 o 86) di Thomas Watson, il quale pubblicò una traduzione in esametri latini dell'*Aminta* «nell'anno seguente alla pubblicazione dello *Spaccio* del Bruno, con la sua satira dell'Età *dell'oro*» (*Spaccio, L.* 504-5). Il Watson, nota ancora l'Intyre, era stato in Parigi il 1581, dove conobbe Walsingham (ricordato nella *Cena*,[9] e naturalmente può avervi conosciuto anche il Bruno: egli era un poeta dotto, più portato a tradurre e imitare gli scrittori stranieri, che alla poesia originale; ma al suo tempo era allineato come eguale con Spencer e Sidney. «Il *Compendio di memoria locale* è in latino chiaro, semplice, classico, in forte contrasto con le corrispondenti opere di Dicson e di Bruno; ma i principii dell'arte che egli tratta sono quelli di Bruno, o Ravenna [Pietro da], o di qualche fonte comune, più abilmente ordinati e più acconciamente esposti». È dedicato a Henry Noël, cortigiano della Regina Elisabetta. «Se la mia operetta (*nugae meae*)», dice l'autore, «è messa al paragone con i mistici e profondamente dotti *Sigilli* del Nolano, o con l'*Umbra artificiosa* di Dicson, io temo moltissimo essa non sia per produrre più infamia all'autore che vantaggio al lettore».

Osservazioni nuove l'autore fa anche circa le probabili attinenze di Bacone col Bruno. Solo in un passo pare che il primo abbia fatto menzione del nostro filosofo: nell'introduzione all'*Hist. naturalis et experinientalis* (ed. Ellis e Spedding, II, 13) dove, ricordati parecchi filosofi greci che foggiarono, secondo lui, arbitrariamente le più fan-

[9] *Opere italiane, G.,* I, 48-9.

tastiche teorie intorno al mondo, quasi favole che quindi rappresentarono e pubblicarono, soggiunge che nei tempi moderni l'istruzione delle scuole e dei collegi impone un certo treno agl'ingegni. «Neque propterea omnino cessatum est. Patricius, Telesius, *Brunus*, Severinus Danus, Gilbertus Anglus, Campanella scenam tentarunt et novas tabulas egerunt nec plausu celebres nec argumento elegantes». Amaro sarcasmo, di certo: ma questa semplice menzione del Bruno in un tale contesto, secondo l'Intyre, implica che le opere di lui eran lette e ritenute d'alto valore dagli amatori della filosofia.

Inoltre: Bacone aveva familiare la letteratura italiana, e non è verosimile che trascurasse di leggere proprio i dialoghi bruniani. Due casuali ma significanti prove che egli li avesse letti paiono all'Entyre il ricordo che entrambi gli scrittori fanno della leggenda del monte Athos e dell'Olimpo, sulle cui cime la gente avrebbe scritto sulle ceneri dei sacrifizi e l'anno dopo, tornata lassù, avrebbe ritrovato ceneri e scritto intatti; segno della perpetua calma propria di quelle alte vette (*Hist. ventorum,* ed. cit., II, p. 51; cfr. *Nov. Org.*, II, 12); e il pensiero caratteristico del Bruno, ripetuto da Bacone (*Nov. Org.*, I, a p. 4-43), che il moto dei corpi celesti è in linea spirale anzi che in perfetto circolo. E quanto alla predetta leggenda la fonte pel monte Athos sono certo i pseudo-aristotelici *Problemata* (XXVI, 39); ma per l'Olimpo o Solino, o più probabilmente Bruno (*Cena, G.* 82); il quale si appella ad Alessandro Afrodiseo; ma nel costui commentario ai *Metereologica* non se ne trova nulla.

L'Intyre insiste sui punti di contatto tra il pensiero dei due filosofi. Come Bruno, Bacone crede nella purgata magia naturale (*N. Org.*, II, 9); come lui ammira il libro di Giobbe, quasi un misterioso compendio di filosofia naturale (*De augm.*, I, p. 466; *Cena,* 177); come lui allega spesso con convinzione i detti sapienti di Salomone. Lo stesso argomento usano contro l'autorità, il consenso generale, l'antichità d'una credenza, come principio di prova. Per entrambi fede e religione non han che vedere con l'investigazione scientifica. Per la stessa ragione, che non vi si tacesse ricorso solo ai principii naturali per spiegare i fenomeni della natura, condannano le opere fisiche di Aristotile. Entrambi «come altri innovatori del tempo» risalgono ad Anassagora, Leucippo e Democrito, Parmenide, Empedocle ed Eraclito. Uno degli *idola tribus* è la tendenza a supporre nelle cose un ordine e una similarità maggiore, che non ci sia; e benché in natura molte cose siano *monodica* (*monadica*, uniche) e ricche di differenze, pure la mente finge paralleli, corrispondenze, relazioni inesistenti (*N. Org,* I, 43). E lo stesso notava il Bruno, che andava per altro più innanzi e insisteva sulla unicità di ogni esistenza individuale nell'universo. Anche Bacone conservava la distinzione scolastica tra conoscenza divina o angelica, *intuitiva,* e la conoscenza acquisita, frammentaria, umana. La stessa distinzione è disegnata dal Bruno, ma introdotta del pari *dentro* la conoscenza intuitiva della mente eroica della stessa specie della conoscenza delle più alte intelligenze, e solo differente da quella di Dio, in quanto quella non crea ciò che intuisce.

Riapparisce in Bacone l'altra distinzione scolastica di *natura naturans* e *natura naturata,* distinzione superata in Bruno dalla identificazione dell'una con l'altra, come due aspetti di un'unità superiore. In Bacone, come in Bruno, «l'animismo universale» è combinato con una teoria atomistica della natura meccanica e con a credenza che nessun fenomeno fisico sia inteso finché possa essere espresso in termini matematici. Né Bruno né Bacone giunsero all'atomo della fisica epicurea, ossia a un'immutabile sostanza ondeggiante nello spazio vuoto; ma le *particulae verae* di Bacone sono concepite molto più in confuso della teoria bruniana di una materia sottile eterea diffusa per l'universo, e di atomi più densi che sono dietro di essa in costante moto. Per entrambi, tuttavia, c'è nella materia lo stesso flusso e riflusso. Del resto, atomi e vuoto, come la *materia prima,* sono per Bacone astrazioni mentali, affatto infeconde, anticipazioni della natura che non giovano a nulla. Circa la relazione dell'intelletto umano con la natura sono tutti due convinti del potere del primo, se diretto dalle leggi dell'esperienza e limitato ai dati della sensazione, di comprendere la seconda; ma, mentre Bruno vedeva nei limiti negativi dell'intelligenza un indizio positivo di un reale al di là, Bacone più prudente ci vedeva un argomento di più per indietreggiare dalla ragione alla fede. In altri due casi Bacone si oppone al Bruno: nel concetto dell'arte Indiana che egli chiama il metodo dell'impostura *(De augm.*, VI, 2), e dell'arte della memoria (V, 5) che il cancelliere inglese non negava, ma credeva doversi riformare radicalmente (per poterne ricavare *nonnulla mirabilia et portentosa*).

Insomma, è quasi indubitabile che Bacone conobbe gli scritti bruniani; ma le attinenze additate dall'Intyre non attestano, e l'autore stesso ne pare persuaso, una speciale azione diretta esercitata dal Bruno sul filosofo inglese, trattandosi spesso di idee che fermentavano nella filosofia contemporanea.

Nello stesso capitolo, l'ultimo del libro, l'Intyre continua a raccogliere con molta diligenza, riassumendo gli studi altrui e qualcosa aggiungendo di suo, tutte le tracce del Bruno negli scrittori posteriori: da Kepler, Vanini, Descartes, Gassendi, Spinoza (per cui l'autore si attiene al Sigwart), Leibniz (attenendosi allo Stein) Bayle, Toland fino a Jacobi, Goethe, Schelling e Hegel. Anche qui qualche particolare nuovo merita d'esser rilevato. Nell'*Anatomia melancholiae* del Burton (1621) Bruno, con Copernico, è citato come autore di «parecchie prodigiose credenze e paradossi circa il moto della terra, e i mondi infiniti in uno spazio infinito». Ivi nella Digressione sull'aria è ricordata la *Cena* a proposito delle variazioni della terra e del mare; delle stelle fisse come soli, con pianeti attorno; dell'aria dei cieli come identica a quella della terra; degl'infiniti mondi in un infinito etere. L'*infelix Brunus* v'è annoverato tra gli scrittori ateisti. – Nel 1634 fu rappresentato in inglese un ballo in maschera, il *Coelum Britannicum* di Thomas Carew, che è fondato, almeno in parte, sullo *Spaccio*, col re Carlo I al posto della Verità.[10] – nota la parte del Toland nella riabilitazione del nome del Bruno e come tra i suoi mss. si trovasse l'argomento del *De l'infinito* con la traduzione dell'epistola proemiale (pubbl. nel 1726). È pur noto che nel 1713 uscì anonima in Londra una versione inglese dello *Spaccio*, che il catalogo del British Museum attribuisce a un W. Morehead.[11] Ora uno scrittore della *Quarterly Review* ha suggerito, e l'Intyre consente, che questo Morehead possa essere stato uno dei fratelli del Toland.

Tornando alla biografia, l'autore illustra i casi del Bruno in Inghilterra servendosi sopra tutto come i precedenti biografi, dei dialoghi del Bruno. Ma nè anche lui, accennando alle ostilità patite dal nostro filosofo colà, ha badato a un'importante notizia che risulta dalla epistola proemiale e dal primo dialogo della *Causa*: ossia della prigionia dovuta soffrire dal Bruno in séguito alla pubblicazione della *Cena* che suscitò tante ire. L'interlocutore inglese Armesso nel 1° dialogo, scritto evidentemente dopo gli altri quattro, ai quali fa d'introduzione, mentre serve al Nolano per scolparsi delle acerbe accuse che s'erano scatenate contro di lui, raccomanda a Filoteo (lo stesso Bruno), che questi altri dialoghi non siano «simili a quelli, che poco tempo fa, per esserno essi usciti in campo a spasso, *vi hanno forzato di starvi rinchiusi e ritirati in casa*».[12] Ma prima di ritirarsi in casa, cioè presso il suo signore, Castelnau de Mauvissière, parrebbe che fosse stato carcerato. Infatti nella epistola al Castelnau, dopo aver accennato a gl'*ingiusti oltraggi* che egli aveva patito, al *rapido torrente di cri-*

---

[10] Cfr. l'art, cit. della *Quart. Rev.* e l'art. di Adamson sul Carew nell'*Encyclopedia Britannica*.

[11] Cfr. FRITH, *Life of. G. B.*, p. 321.

[12] Cfr. *Opere italiane*, G. I, 144 e 129.

minali imposture, che s'era rovesciato contro di lui, e in cui non era mancato un *discortese, pazzo e malizioso sdegno feminile, di cui le false lacrime soglion esser più potenti che quanto si voglia tumide onde* etc; e rappresentato il suo potente amico come un «saldo, fermo e costante scoglio che *risorge e mostra il capo fuor di gonfio mare*» (dopo, s'intende, che per un momento è stato ricoperto dai flutti ed è scomparso), – si dice da lui non solo *ricettato e nodrito,* ma *difeso, liberato, ritenuto in salvo, mantenuto in porto*: dove il riapparire dello scoglio un momento scomparso sotto le onde tempestose, e il *liberato* prima dell'esser *ritenuto in salvo* mi sembra che accertino essere stato il Bruno prima incarcerato, e poi liberato dall'ambasciatore francese; e da questo quindi chiuso in sua casa, per sottrarlo alle ire del popolo che era stato anch'esso sobillato.

Di un curioso fatto relativo alla partenza del Bruno dall'Inghilterra c'informa ora per la prima volta l'Intyre. Non v'ha dubbio che il Bruno lasciò l'Inghilterra col Castelnau, il cui richiamo in Francia era stato deciso nel 1584. Ma il 2 ottobre 1585 era ancora a Londra, come risulta da una sua lettera con questa data all'ambasciatore scozzese Douglas. La lettera seguente del 3 novembre 1585 allo stesso Douglas (pubblicata con la prima in *Salisbury Paper*, III, 112) è scritta da Parigi. Sicché il Bruno dovette giungere a Parigi nell'ottobre 1585. In questa lettera il Castelnau racconta all'amico che nel suo viaggio egli era stato «derubato di quanto aveva in Inghilterra, fino alla camicia, dei nobili regali datigli dalla Regina e della sua argenteria: non gli era rimasto niente né a lui, ne alla moglie, né ai tigli, sicché somigliavano a quegli esiliati Irlandesi che chiedono in Inghilterra l'elemosina coi loro ragazzi a fianco». Aveva prestato del denaro alla Regina di Scozia, ed era in gran turbamento «perché né gli ufficiali di lei né il tesoriere possedevano un soldo, e non si parlava di restituzione». Sarebbe interessante sapere, dice l'Intyre, come andò Bruno nel derubamento delle cose del Manvissière. «Almeno può supporsi che il Bruno arrivasse in Parigi con assai poca roba (*with very little wordly goods*), ma con parte del manoscritto di una grande opera sull'universo: il *De immenso*». Un altro guaio, dunque, da aggiungersi molto probabilmente alla travagliosa vita del Nolano.

Della filosofia bruniana il prof. Intyre, dopo avere brevemente enumerate le fonti (part II, chapt. I), servendosi principalmente delle ricerche del Tocco, consacra un capitolo alla *Causa* (*The foundations of knowledge*), uno al *Dell'infinito* (*The infinite universe – The mirror of God*), uno al *De immenso* (*Nature a. the living Worlds*) e uno al *De minimo* (*The last a. the least Things: Atoms a. soul-Mouads*). In due distinti capitoli studia pure lo *Spaccio* (*The practical philosophy of B.*) e gli *Eroici furori* (*The higher hife*). Infine, raccoglie in una sintesi ordinata e perspicua le idee bruniane sulle *Religioni positive e sulla religione della filosofia*: appropriato coronamento dell'esposizione d'una filosofia così profondamente religiosa come è quella del Bruno. Tutta l'esposizione, con metodo eccellente, condotta per lo più con le parole stesse del Bruno, se sorvola sulle difficoltà che in taluni punti potrebbero dar luogo a discussione, offre in compenso un compendio chiaro e corrente del pensiero del Bruno, quale manca a noi italiani, e che sarebbe desiderabile potesse largamente esser noto anche tra noi. Giacché il libro dell'Intyre non è tanto pei dotti di mestiere, quanto per le persone colte.

INDICE